16x(4/08)5/05
19x(10/08)12/10
120x(3 (11)"4/12
11   " 6/13

Presentamos aquí lo que la gente dice acerca de *Chocolate para el alma de la mujer*

"No podía dejar de leerlo . . . A los hombres también les gusta el chocolate . . . ¡Hazte el favor de leer este libro!"

—Jack Canfield,
coautor de *Caldo de pollo para el alma*

"Cada vez que late el corazón hace eco en el cuerpo mayor. Nosotros somos ese cuerpo y este libro es ese claro y honesto eco cicatrizante."

—Ondrea y Stephen Levine,
autores de *Abrazando a nuestros seres queridos*

"De la misma manera que es imposible comerse solamente una pieza de ese chocolate que nos hace agua la boca, ¡te reto a que leas una sola de estas tiernas historias! Cada una tiene un sabor especial y despertará en ti recuerdos que están alojados en lo más profundo de tu alma. Este libro es el regalo perfecto para acompañar un abrazo y para levantar el espíritu de un amigo o de un ser querido."

—Ann McGee-Cooper, autora de
¡No tienes que regresar a casa exhausto después de un día de trabajo!

"Es tan agradable poseer un libro que contenga mensajes que nos inspiren y que podamos leer y absorber en un momento y no en meses. Gracias por añadir un poco de alma a mi vida."

—C.H., Roseville, California

"¡Después de leer *Chocolate para el alma de la mujer*, estoy ansiosa por leer el libro número dos!"

—D.E., Honolulú

"¡Tu libro me sirvió de inspiración!, pues me hizo pensar en todas las maravillosas personas y experiencias que han sido parte de mi vida."

—L.J., Evanston, Illinois

"*Chocolate para el alma de la mujer* es positivo, nos sirve de inspiración y me dejó un mensaje. No he dejado de pensar o de hablar de él."

—L.J., Irving, Texas

"Se me ha hecho una costumbre leer a mis compañeros de trabajo una historia al día. ¡A todos nos gustan y cada uno tiene predilección por una de ellas!"

—L.L.P, Lyndhurst, Nueva Jersey

"Cuando necesito una inyección de endorfinas, me como una barra de chocolate. Pero desde ahora, cuando necesite una inyección de espíritu, perspectiva y endorfina, volveré a leer su libro."

—N.Y., Honolulú

"Quería que supiera lo mucho que me gustó su libro *Chocolate para el alma de la mujer*. ¡Tocó mi corazón, mi cerebro y mi centro de la risa!"

—S.D., Knoxville, Tennessee

"El libro es un regalo maravilloso . . . Lo leí, lo terminé y se lo pasé a mi mamá . . . ¡A ella también le encantó!"

—S.K., Portland, Oregon

"Gracias por todo el esfuerzo que usted hizo para escribir *Chocolate para el alma de la mujer*."

—S.A.R., Nueva Orleans

SIMON &
SCHUSTER

LIBROS EN
ESPAÑOL

77 relatos de amor, bondad y compasión
para nutrir su alma y endulzar
sus sueños

Kay Allenbaugh

Traducción en Español por Rosa Feijoo

LIBROS EN ESPAÑOL
Publicado por Simon & Schuster
New York London Toronto Sydney Singapore

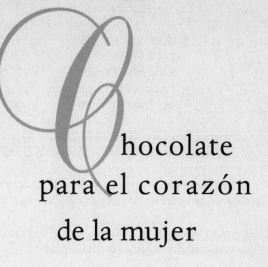

Chocolate
para el corazón
de la mujer

SIMON & SCHUSTER
LIBROS EN ESPAÑOL
Rockefeller Center
1230 Avenue of the Americas
New York, NY 10020

Diseño de Bonni Leon
PRODUCIDO POR K&N BOOKWORKS INC.

Hecho en los Estados Unidos de América
1 3 5 7 9 10 8 6 4 2

Datos de catalogación de la Biblioteca del Congreso:
puede solicitarse información.

ISBN 0-684-87084-3

*C*on el más profundo

amor, afecto y conexión

entre nuestros corazones,

dedico este libro a

mi padre, el hombre

más listo y con mejor

sentido del humor

que conozco.

CONTENIDO

V

Exploradores

VI

Por fin, libre

VII

Momentos de verdad

VIII

La conexión animal

IX
Actos de amabilidad

X
Reflexiones más profundas

XI
Verdaderamente gracioso

"El corazón que se abre puede contener todo el universo.

Así de enorme es el tuyo.

Confía en él y continúa respirando."

—JOANNA MACY

INTRODUCCIÓN

Relatos inspirados que alimentan nuestra alma, dan vida a nuestros sueños y nos ayudan a dar el siguiente paso importante a medida que crecemos y aprendemos. Tengo el honor de que 74 dinámicas mujeres hayan compartido conmigo sus historias personales predilectas en *Chocolate para el corazón de la mujer.*

Muchas de ellas dan conferencias para motivar a las personas, son líderes espirituales, consultoras, terapeutas y autoras de libros famosos y su obra influye a muchos públicos en todo el país. Cuando las leas reirás y llorarás, pero ten siempre en cuenta que se trata de relatos de gran fuerza que ellas comparten. ¿Quién mejor que estas mujeres dedicadas a animar a otras para ablandar tu corazón? Con una mano amorosa, extiendo esos relatos para tu beneficio.

Sin importar cuál sea tu caso, encontrarás un hilo común que corre a través de la vida de todas las mujeres y es precisamente esa experiencia compartida, la que intentamos capturar en *Chocolate para el corazón de la mujer*. Algunas de estas historias de la vida real te darán el empuje que necesitas, en tanto que otras serán perfectas para tu mejor amiga, para tu madre o para tu hija. Todas ellas hacen honor y celebran el deseo de amar, de alimentar y de dar desde el corazón de una mujer, cuando es fácil hacerlo o durante los momentos más difíciles.

¿Por qué chocolate? Porque la mujer y el chocolate están hechos una para el otro. La mujer nunca necesitó de la ciencia para decirnos que el chocolate crea esas endorfinas en nuestro cuerpo que "nos hacen sentir bien". De la misma manera que el sabroso sabor del chocolate, las historias en *Chocolate para el corazón de la mujer* te darán un cálido sentido de satisfacción muy dentro de ti. Es como si pudieras paladear el amor que cunde dentro de estas páginas en momentos de una verdad que invita a meditar.

Creo que *Chocolate para el corazón de la mujer* es un proyecto que tiene inspiración divina y es una secuela de mi primer libro, *Chocolate para el alma de la mujer*. Desde la publicación de éste aprendí que el hecho de compilar en un libro tiene mucho que ver con enfrentar a mis propios problemas relativos a la valentía. Siempre tuve temor de hablar en público y si hubiera dado pequeños pasitos como un bebé a través de ese miedo desde los primeros años de mi vida, no habría sentido la ansiedad que sentí cuando llegó la hora de hacer la promoción de *Chocolate para el alma de la mujer*. Con su enorme éxito, me vi en la necesidad de caminar con ese temor de toda la vida antes de poder celebrarlo. Espero que las historias contenidas en *Chocolate para el corazón de la mujer* te pongan alerta, te animen y te impulsen a avanzar a través de tus propios miedos, a seguir tu intuición, a descubrir el amor y a identificar tu belleza y magnificencia personal.

Al compilar y escribir todas estas historias tan sinceras, aprendí mucho de mí misma. Deseo que ellas afecten tu vida tan positivamente como a mí. Complácete con su riqueza a medida que explores la gran variedad de experiencias contenidas en los diferentes capítulos de *Chocolate para el corazón de la mujer*. Diariamente, escoge la historia perfecta, ¡sabiendo que obtendrás el empuje gratificante del alma que necesitas para descubrir todos los deseos de tu corazón!

I
INTERVENCIÓN DIVINA

*"Obstaculizas tu sueño cuando
permites que tus temores
crezcan más que tu fe."*

—MARY MANIN MORRISSEY

EL PASAJERO DE ATRÁS

Mi padre murió cuando yo tenía diez años. El llanto de mi madre solía despertarme. Enojada con mi padre por haber muerto, me dije a mí misma que nunca me casaría ni permitiría que un hombre me lastimara de la misma manera que él lo había hecho con mi madre.

La vida siguió su curso y cuando crecí, mis tutores me decían que yo llegaría a ser adulta y que encontraría un hombre con el cual quisiera casarme. El dolor que sentía por la muerte de mi padre aún era demasiado vivo como para que yo aceptara de corazón ese tipo de predicciones.

Una noche al rezar, medité sobre ese fuerte sentimiento de creer no poder darme el lujo de amar a nadie que pudiera lastimarme. Si mi destino era casarme, ¿cómo podía bajar mis defensas lo suficientemente para ser receptiva? A medida que rezaba, pedí ayuda y sentí que una gran paz y calma me invadía.

Después de graduarme de la escuela secundaria, asistí a la Universidad de Arizona. Un día, de regreso a casa después de una fiesta, un joven ofreció llevarme. Yo lo conocía por medio de amigos mutuos. Estábamos entablando una pequeña conversación para conocernos, cuando detuvo el auto en una luz roja.

"¡Te casarás con este hombre!", dijo una voz proveniente del asiento trasero. Me di la vuelta para ver quién estaba atrás, pero no había nadie.

"¿Escuchaste una voz?", pregunté a mi compañero. "No", respondió.

Continué pensando en lo que había oído y ¡me di cuenta que era la respuesta a mis rezos de tantos años atrás!

Ocho meses después, me casé con el joven. Hemos estado unidos por 24 años y tenemos seis hijos preciosos.

Todavía me maravillo cuando pienso que mis oraciones de niña fueron respondidas con la exactitud de un reloj; en el momento perfecto.

Esa noche de mi destino también escuché la Divina voz del "asiento de atrás" que me decía: "Tú me pediste que te lo dijera."

ANAMAE ELLEDGE

UN SUEÑO HECHO REALIDAD

Al terminar la *Segunda Guerra Mundial*, *vivía el sueño* estadounidense, es decir, una cabaña acogedora, productos de Betty Crocker en la cocina, rosales trepadores en la reja de enfrente, el cochecito de un bebé en su recámara, una cuenta de ahorros y estampillas de Bonos del Tesoro.

Una tarde, en las primeras etapas de mi segundo embarazo, señales reveladoras de los inevitables problemas que se avecinaban se manifestaron. Comencé a sangrar profusamente y mi médico me aconsejó que me dirigiera inmediatamente al hospital a donde él me revisaría.

Al estar en la extraña comodidad de mi cama de hospital, con los pies en alto y con bolsas de agua fría sobre mi vientre, el doctor Weiker me dijo que esperaría los resultados del laboratorio para decidir qué acción tomar a la mañana siguiente. Con una sonrisa reconfortante y los mejores deseos de que yo pasara una buena noche, se despidió. Poco después, mi esposo, alterado y nervioso, se fue a casa para cuidar de nuestro hijito.

Una vez sola en el silencio de mi cuarto, me puse a pensar en lo que estaba ocurriendo dentro de mi cuerpo y me pregunté si perdería al bebé cuya presencia viva yo ya amaba. Me esforcé en concentrarme en aplacar mis preocupaciones y en sólo aquello que pudiera ser lo mejor para mi bebé. El oscuro cielo de la noche se cerró sobre mi habitación al tiempo que, pacíficamente me quedaba dormida, lista para recibir los sueños que me contarían una historia.

En uno de ellos apareció la imagen de un pequeño jardín en verano que estaba iluminado con blancas y espigadas margaritas, así como con deslumbrantes dragones cuyos colores se veían resaltados por el cielo azul y la intermitente luz del sol. En ese momento una niña muy pequeñita apareció y caminó hacia mí. Tenía unos rizos suaves de un tono castaño dorado y ojos algo separados en una carita redonda y adorable. Su vestido era de cuadritos azules y blancos con un cuello estilo Peter Pan de piqué blanco, con mangas de globo ajustadas por un puño angosto y blanco. Sobre la pechera de su vestido y bordadas en hilo rojo brillante, se leían las letras *ABC*. Repentinamente, su carita se entristeció y de su boquita de capullo de rosa salió una voz de campanita que rogaba: "¡Mami, mami, no dejes que me alejen de ti!"

Sin poder hablar, grité sin parar hasta que desperté cuando una mano sobre mi hombro me agitaba suavemente para que volviera a la realidad. La agradable cara de una enfermera estaba sobre mí. "No tenga miedo", me dijo con voz relajante. "Todo va a salir bien. Vuelva a dormirse y que no tenga más pesadillas. Buenas noches."

Asentí medio dormida y con obediencia cerré los ojos, guardando la visión de la niñita en mi mente. En cuanto volví a quedarme dormida me vi nuevamente en el jardín con la niñita que me traspasaba con su mirada, rogándome con su estridente voz: "¡Mami, mami, no dejes que me separen de ti!"

En esta ocasión mis propios gritos me despertaron, y pronto empezaron a brotar mis lágrimas para luego pasar a un sollozo incontrolable. Nuevamente, la enfermera apareció y me rodeó con sus brazos. Con suavidad me condujo a la tranquilidad de mi cuarto. Lentamente, llegó el amanecer, borrando las huellas de esa oscura noche y llenándome con un sentido de propósito en la vida y un extraño conocimiento de secretos no expresados.

Mi médico llegó temprano, vestido con el uniforme verde de los cirujanos y con una máscara colgando bajo su hermosa cara. "Todo está listo para hacerte un legrado", me dijo. "El informe del laboratorio indica que tuviste un aborto. Te limpiaremos y en tres meses podrás comenzar, nuevamente, a pensar en un nuevo bebé", concluyó con gran firmeza.

"Estoy encinta", le dije. "No me va a hacer un legrado y, además", añadí en tono triunfal, "tendré una bebé en siete meses."

Me miró con sorpresa y me dijo que siempre había pensado que yo era una persona sensata y razonable con los pies sobre la tierra, que debería sacar de mi mente esas fantasías y continuar con mi vida. Discutimos durante un buen rato hasta que finalmente aceptó mi petición de hacerme una nueva prueba de embarazo antes de internarme en la sala de operaciones. Se alejó con un aire de ofendido enmarcado por sus robustos hombros y yo me volví a dormir.

Varias horas después regresó a mi habitación ya sin su uniforme verde. Se paró a los pies de la cama, moviendo la cabeza y dijo: "¡Tenías razón! Sí estás encinta. Seguramente abortaste un bebé gemelo."

Cuando respondí a su pregunta de que cómo sabía yo que estaba embarazada, me miró aún más perplejo que durante nuestra previa conversación. Meneó la cabeza, me abrazó y partió. Supongo que lo que le dije sobre mi sueño de la niñita fue demasiado para su mente científica y su aprendizaje médico. Nunca conté mi historia a nadie más, pero me prometí que algún día se la diría a mi hija, pues ¡estaba segurísima que tendría una niña!

Siete meses después, casi en el día indicado, di a luz a una nena saludable que tenía una carita redonda y una pelusa dorada como pelo. A mi médico sólo le quedó volver a menear la cabeza y con un tono de voz algo exasperado, murmurando algo por lo bajo dijo: "Mujeres . . . sus sueños . . . sus intuiciones . . . sus maneras de ser tan tétricas."

Con toda felicidad llevé a mi hija a casa, maravillada de ver sus ojitos café claros que parecían estar fijos en los míos como diciéndome cosas que yo necesitaba saber.

El primer regalo que recibí para esta bebé llegó por correo, era de una amiga que vivía en Nueva York y quien no sabía absolutamente nada acerca de las circunstancias en las que mi hija había venido al mundo. Cuando abrí la caja envuelta con un alegre envoltorio y fui apartando con suavidad las capas de papel de china que protegían el regalo, descubrí un vestidito de cuadritos azules y blancos con un cuello estilo Peter Pan de piqué blanco y mangas de globo con puñitos también blancos y en cuya pechera estaban bordadas en hilo rojo brillante, las letras *ABC*.

ÚRSULA BACON

PEQUEÑOS MILAGROS

*E*ra un día de julio en el que no se podía respirar. *La humedad se* colgaba de neblinosas nubes sobre las ventanas y a todos nos chorreaba el sudor por nuestras frentes. En estas condiciones tipo sauna, tenía lugar el juego anual de beisbol. Los ansiosos padres parecían pegados a las graderías de metal, y la tensión iba en aumento a medida que se aproximaba el fin del campeonato.

Adam era el más pequeño del equipo. Durante toda la temporada, no había podido hacer un tanto. El estar sentado en la banca le dio tiempo para pensar y para recordar a su hermano mayor, Neal, su héroe.

Cuatro veranos atrás, Neal había muerto en un accidente automovilístico. Adam lo extrañaba, especialmente ahora en que su equipo necesitaba ayuda, y deseó que su hermano estuviera allá para apoyarlo.

El equipo de Adam iba perdiendo 5–4 con dos outs a medida que el juego se acercaba a su fin. Cuando Adam escuchó que lo llamaban, caminó dudoso hacia el bate. Los jugadores más lejanos se acercaron cuando vieron al pequeño bateador ir hacia la base. Adam giró con el primer lanzamiento. "Primer estrike", gritó el umpire. Al segundo intento, la misma voz: "segundo estrike". Las esperanzas se iban desvaneciendo y los aficionados y compañeros comenzaron a juntar sus pertenencias para irse.

¡Pero esperen!, ¡que se pare todo! Sentimos el corazón en nuestras gargantas cuando nos dimos cuenta de que algo le estaba ocurriendo a Adam. Un aire de confianza en sí mismo cruzó por su cara al tiempo que asía el bate, al esperar el lanzamiento final. ¿Era el espíritu de su hermano que lo animaba a continuar? ¿Era Adam intentando demostrarle a su hermano de lo que era capaz? En ese momento mágico, ¡el tercer giro de Adam se conectó con la pelota, y rápidamente se vio parado en primera base, aturdido y triunfante. Sus admiradores y compañeros saltaron a sus pies, ¡aclamándolo! Después de todo, ¡quizá Neal sí estaba presente!

Sólo eso fue necesario para darle ánimos al equipo, y azuzados por ese momento glorioso de Adam, las siguientes bateadas tuvieron también éxito. Pronto Adam llegó al home habiendo ganado la carrera. Al momento de cruzarlo, escuchó a la multitud gritar "¡Bien!"

Este pequeñín con gran valentía nos enseñó varias lecciones importantes en la vida:

- ¡Bien por los pequeños milagros!
- ¡Bien por los héroes y los ejemplos que dan!
- ¡Bien por no darse jamás por vencidos!
- ¡Bien por salir a batear en la vida!

JILL Y CANDIS FANCHER

¿UN SABIO, UN MAESTRO
O UN ÁNGEL?

Mis manos se elevaron rápidamente hacia mi cara y sollocé con regocijo. Finalmente había ganado el título de Miss Hawai. Las luces de los fotógrafos brillaban como pequeños rayos y las felicitaciones del público hacían eco.

Una vez que las celebraciones se habían calmado, me dirigí, sola, a mi vestidor. Fue entonces cuando lo vi. Un hombre de unos 40 años, con un rostro tranquilo y apacible, vestido con un traje a bandas de colores y fumando una pipa. Era corpulento con agradables ojos cafés enmarcados por unos anteojos y de pelo fino peinado totalmente hacia atrás. El aroma de su tabaco de pipa fue inmediatamente reconfortante.

"¡Felicidades, merecía ganar!", me dijo.

¿Cómo sabía eso? "¿Quién es usted?"

"Mi nombre es George." Su sonrisa desapareció y sus ojos reflejaron seriedad. "Donna, necesitamos hablar. Mañana a las diez en punto en la cafetería."

Al comienzo sentí deseos de reír, pero mi curiosidad ganó la batalla. No era amenazante, sino sólo seguro de sí mismo, así es que asentí con la cabeza.

"Me di cuenta de tus dudas, e intento justificar mi actitud entregándote un mensaje."

"Está bien, dámelo."

"Para cumplir con tu destino, Donna, debes irte de Hawai el próximo año."

Esta vez sólo me quedó reírme. "Si me encanta vivir aquí."

George suspiró. "Está bien, no me dejas otra alternativa que predecir tres incidentes que ocurrirán antes de que desayunemos mañana."

¿Y ahora qué?, pensé, y abrí la boca para hablar, pero George alzó la mano.

"A tu auto se lo llevará la grúa, se romperán las cañerías de tu cocina que ya están goteando y el tercer escalón de tu apartamento, que aún no hace ruido, comenzará a crujir."

Para la mañana siguiente, todo lo que él predijo ya había ocurrido. Mi auto no arrancaba, mi compañera de cuarto estaba desolada porque las cañerías goteaban profusamente y al subir las escaleras hacia mi cuarto, escuché un crujido que provenía del tercer escalón. Durante el desayuno le pregunté cómo es que sabía tantas cosas de mí.

Me pareció detectar un guiño en uno de sus ojos, al tiempo que sonreía. "Raramente escuchamos nuestra intuición, nuestra voz interior que nos dicta qué hacer. Por ejemplo, yo sé que se supone que debo formar parte de tu vida, para vigilarte y para estar cerca cuando me necesites. Ahora, tú debes de ir en busca de tu verdad."

Y desde luego que busqué. Seguí adelante para competir en el concurso de Miss Estados Unidos y perdí. Al año siguiente me fui a Los Ángeles y luché durante siete años para convertirme en actriz. Mientras tanto, George y yo conversábamos con frecuencia por teléfono o personalmente, cuando él venía a esta ciudad. En mi intento por mantenerme delgada y bella, me hice bulímica y adicta a los medicamentos para perder peso. Un día que me encontraba sola y sintiéndome muy deprimida, pensando incluso en el suicidio, sonó el teléfono. Era George que me dijo: "Todavía te queda mucho trabajo por hacer, ni se te ocurra abandonarnos."

"¿Cómo lo sabías?", le pregunté sorprendida.

"Estoy viviendo en Oklahoma, pero esta tarde llegaré a Los Ángeles. Entonces hablaremos."

Ese día, George me convenció que debía, nuevamente, creer en mí misma. "Tu vida cambiará cuando cumplas 30 años. Aguanta unos cuantos años más."

Llegué a los 30 y yo continuaba deseando abandonar este mundo. Toqué fondo, emocional, financiera, espiritual y mentalmente. El 1 de marzo de 1978, abordé el avión DC-10 de Los Ángeles a Hawai, donde iba a ser maestra de ceremonias del concurso de Miss Hawai. Al levantar el vuelo, el avión explotó, y fui la última en escapar de la sección posterior del avión en llamas. Me transportaron a una posta médica y una vez ahí pregunté dónde estaba el teléfono más cercano para llamar a George.

Él me dijo: "Donna ya ha cambiado. Finalmente, ya puedes ver todo el panorama. Ya es hora de que te lances por tu propio camino y de ayudar a otros."

No le comprendí totalmente, pero terminé haciendo valer mis derechos para demandar a la compañía aérea y me convertí en representante de los pasajeros muertos y quemados. Luché para mejorar los reglamentos de seguridad y durante muchas horas en la Corte, me vi sometida a severos interrogatorios de los abogados representantes de la aerolínea. Una vez terminado, bajé exhausta del banquillo de los testigos y, nuevamente, sola. Cuando llegué al estacionamiento de la Corte, encontré a George apoyado sobre mi auto y fumando su pipa.

"Acabo de llegar", dijo. "Comamos un helado y caminemos por la arena."

Al observar la puesta de sol desde la playa de Santa Mónica, balbuceé un sinfín de preguntas a las que George, pacientemente, respondió una por una. Me sentí reconfortada por su filosofía, su perspicacia y su sinceridad.

"Comprende", dijo, "que todos tenemos temores, pero nuestro destino es conquistarlos." En ese momento me di cuenta que mi futuro sería enseñar el arte de la supervivencia.

"Por favor, George, dime. ¿Me casaré, tendré hijos y seré feliz?"

Miró al océano y habló mesuradamente. "Tendrás una hija cuando seas mayor . . . ¡ha, sí! . . . será una pistola. Tendrá tu energía y será una lideresa. La conexión entre tú y ella será milagrosa." Una sonrisa iluminó su rostro. "Y Donna, ella vendrá a ti."

"¿Exactamente, qué es lo que quieres decir?", le pregunté.

"La verdad está dentro de ti. Confía en ti misma. Ve tras tu destino con fuerza."

Tiempo después supe que mi destino no era concebir un hijo. Me inscribí en una lista de adopciones, sólo para que las madres me pasaran por alto, año tras año, pues en sus agendas no estaba una madre soltera de más de 40 años, lo cual me preocupaba.

Repentinamente, George murió de cáncer. Quedé sumida en la desesperación pues nunca tuve la oportunidad de decirle adiós. La última vez que hablé con él me dijo: "Tu hija viene en camino, y yo estaré ahí."

Pasaron tres años más antes de recibir una llamada desde Las Vegas. Mis oraciones habían sido escuchadas y yo estaba en éxtasis. Una madre y un padre me habían escogido. Sólo contaba con seis semanas para arreglar todo el papeleo necesario para la adopción.

A mi bebé le puse el nombre de Mariah. Setenta y cuatro horas después de su nacimiento, los últimos papeles estaban listos para firmarse. Su madre natural empujaba la carriola por el luminoso corredor del hospital cuando dijo con indignación: "Huele a tabaco de pipa. ¿Te imaginas, en una sala cuna?" El corazón me dio un vuelco y quedé paralizada mientras la veía ir de un cuarto a otro, buscando al infractor. Cuando regresó, dijo: "Qué extraño, no hay nadie ahí. Estoy segura que olía a tabaco de pipa, ¿tú no lo oliste?"

Las lágrimas se acumularon en mis ojos y corrieron por las mejillas al tiempo que respondí: "Sí."

"Donna, ¿qué te ocurre?", preguntó.

"No sé si tú crees en el mundo espiritual, pero hubo un hombre llamado George que siempre estuvo cerca de mí en los momentos que más lo necesitaba. Hace muchos años que me dijo, justo antes de morir, que yo tendría una hija y que él estaría presente cuando eso ocurriera. George fumaba pipa."

La madre de mi hija se me quedó mirando con los ojos bien abiertos y dijo: "Te escogí porque sentí que esta criatura llegaría a ser una lideresa y yo no le puedo dar lo que necesita, pero tú sí puedes."

Se inclinó sobre la carriolita, tomó a la bebé y me la entregó. Le sonreí a Mariah y le murmuré: "¿Y tú qué crees, mi amorcito? ¿Fue George un sabio, un maestro o un ángel?"

DONNA HARTLEY

MOMENTO CRUCIAL

Existe una línea extremadamente delgada entre tener una pesadilla y tener un sueño.

Al viajar por la autopista interestatal 55, mi madre y mi padre se dirigían a una exhibición de trailers en San Luis. En un momento dado, se vieron detrás de una casa rodante. Como experto chofer, papá puede ver en la carretera cosas que otros no pueden. "Esta casa rodante tiene algo raro", dijo a mamá, "hay una ligera vibración en la llanta trasera izquierda."

Sabiendo lo peligroso que puede ser llevar una rueda floja y temiendo lo peor, decidió prevenir al conductor. Avanzó hasta el frente de la casa rodante y dijo a mi madre: "Rosa, ¿por qué no haces gestos para llamar la atención del chofer?, trata de que se estacione a la orilla." Mamá comenzó a hacer señas a la señora que conducía y a apuntar hacia la llanta floja. La mujer la ignoró.

Un poco frustrado por la negligencia de la conductora, papá pensó que quizás no valía la pena intentar que se detuvieran. Disminuyó la velocidad para poder mirar nuevamente a la llanta en cuestión y meneó la cabeza al tiempo que decía: "Es peligroso. La llanta podría desprenderse y la casa se iría de lado. A 80 kilómetros por hora, se matarían. Si es necesario, los obligaré a detenerse."

Como algo providencial, había una estación de control de peso de camiones justo adelante. Si era necesario obligarlos a salirse del camino, ese sería el lugar adecuado. Papá acercó su auto cada vez más a la casa rodante, dando bocinazos, al tiempo que mamá les hacía señas de que se detuvieran. A la mujer no le quedó otra cosa que obedecer.

Papá paró el auto para bajar, pero ahora era él el que estaba en peligro. Obligar detenerse a alguien desconocido en plena carretera era algo no muy recomendable en los años noventa. Mamá le dijo: "Será mejor si voy contigo, cariño. De esta forma no pensarán que somos una amenaza para ellos." A estas alturas, el compañero de la conductora, que había estado durmiendo, ya venía caminando hacia papá. La mujer, señalando a mis padres, le dijo: "Éstos son los que me obligaron a parar."

Manteniendo cierta distancia, papá elevó sus manos para que pudieran verlas y dijo: "Es posible que estén muy enojados por lo que acabo de hacer. Yo también poseo una casa rodante y sé que eso me habría fastidiado. Antes de que hagan nada, vayan atrás de su casa y miren la llanta trasera."

Sin realmente comprender lo que decían mis padres, el hombre caminó dubitativamente hacia esa dirección. Miró la llanta y le quitó el tapón. En ese momento, dos de sus tornillos cayeron al piso. Al darse cuenta de que la rueda estuvo a punto de desprenderse, era notorio que estaba muy desconcertado. Caminó hacia el frente para comentar con su mujer el desastre que acababan de evitar.

Ella comenzó a llorar y abrazó a mis padres fuertemente. Finalmente, cuando ya pudo hablar, les dijo: "Anoche soñé que estaba manejando por la carretera y que perdía el mando de la casa rodante. De forma incontrolable comenzó a dar bandazos. Le grité a mi marido y él volteó hacia mí en el momento en que el vehículo comenzaba a rodar sobre su costado. Me desperté con un gran susto y me quedé echada temblando, porque el sueño había sido tan real."

Mi padre había demostrado que si ponemos atención, cada uno de nosotros tiene la oportunidad, todos los días, de influenciar, en forma divina, las vidas de los que nos rodean.

No dejes escapar esa oportunidad.

Frustra las pesadillas.

Sé un tejedor de sueños.

REV. DEBORAH OLIVE

AYUDA DIVINA

Hace varios años, visité a una joven madre en su casa. Los doctores afirmaban que sólo le quedaban unos cuantos días más de vida, pues el cáncer contra el cual había luchado con tanta valentía había avanzado pot todo su cuerpo.

Para mí, el verla así durante esos últimos días, había sido muy difícil. Sally era una de las personas más bellas que yo había conocido. Mucho antes de que tuviera esta enfermedad, recuerdo que la veía saliendo de la iglesia el domingo en la mañana y pensaba: "Es demasiado buena para este mundo. Hay algo en ella de una gran pureza."

La gran lucha de su vida fue afrontar el cáncer. Había hecho todo lo que su iglesia le enseñaba; había hecho todo lo que había aprendido de su tradición amerindia. Había hecho todo lo que la ciencia médica le ofrecía: cirugía, quimioterapia, radiación y aun trasplante de médula ósea. Nada detuvo el mal y Sally pronto empezó a aceptar que pronto haría la transición.

Recuerdo cómo me alisté para visitarla, para decirle adiós y para estar con ella. Fue algo muy difícil para mí. Mientras me maquillaba, escuché una voz que me decía: "Cuéntale acerca de los ángeles." E inmediatamente dije: "¡De ninguna manera, no es eso lo que ella quiere escuchar. Ya tiene bastante con el enojo que ahora siente!"

A medida que manejaba rumbo a su casa, esa voz continuó diciendo: "No olvides hablarle de los ángeles." Y pensé: "No lo haré. Sí, yo les hablo a los ángeles, pero nunca he visto uno. En esta mañana, no le hablaré de ellos."

Una vez tomada esa decisión, entré a su casa. Y ocurrió. Aun cuando la luz eléctrica era tenue, el cuarto rebosaba de un brillante resplandor; un resplandor que, aparentemente, no provenía de ningún lado. ¡Jamás había estado yo ante una presencia tan impresionante! En el mismo instante que entré, me arrodillé. Ni siquiera lo pensé; simplemente lo hice con un sentimiento de honor y respeto, y toda mi resistencia hacia hablar de los ángeles desapareció.

Sentada allí en silencio, sentí una paz absoluta. Sally me miró y vi enojo en sus ojos. Me preguntó: "¿Por qué?" Pregunta difícil de responder a una moribunda que está en la flor de vida, con dos hijos preciosos y un marido a quienes ama.

Le respondí con la única verdad que conozco: "No lo sé. No lo sé. Pero necesito decirte algo muy importante. Cuando estés lista para trascender, los ángeles vendrán a buscarte y tus seres más queridos estarán ahí para ti. No deberás tener miedo; verás una grandiosa luz."

Me miró y el enojo desapareció; su cara se hizo tan radiante como la habitación. "Entonces ya comenzó", susurró. "Ya empezó." Y se sumió en un sereno silencio.

En la misa de su funeral, compartí con sus familiares mi resistencia a hablarle acerca de los ángeles. "Tenemos que contarte lo que ocurrió esa mañana en que visitaste a Sally", respondió uno de ellos. Habían dejado a Sally sola durante varias horas, sabiendo que yo llegaría. Mientras almorzaban en la mesa de la cocina, pasó un camión de basura en su colecta diaria. Se dieron cuenta de que algo se había caído de la parte trasera del camión a medida que éste se alejaba, y por pura curiosidad, salieron para ver qué era.

Lo que encontraron tenía tanto poder como la iluminada habitación de Sally. Lo que encontraron reforzó el persistente mensaje que yo había escuchado cuando me alistaba para ir a verla por última vez. Lo que encontraron me convenció de lo que yo sabía pero no podía ver. El libro que cayó del camión se titulaba *Ángeles trabajando*.

REV. MARY OMWAKE

> *"La mentalidad de las mujeres nunca es inmadura. Ellas nacen con una experiencia de tres mil añños."*
> —SHELAGH DELANY

EL ÁNGEL TERRESTRE

Enseño Reiki, *un sistema antiguo de curación por superposición de manos.* En las clases avanzadas instruyo a mis alumnos sobre cómo enviar y recibir energía curativa a distancia. Desde luego que son conceptos esotéricos, pero que sí son muy posibles.

Una vez, mientras manejaba a través de Montana con un amigo, camino a un seminario, me perdí en mís pensamientos mientras observaba una colina tras otras difuminándose contra el cielo seminublado. Había pocos autos en la carretera, así que nos sorprendió ver unas luces intermitentes a la distancia. "Oh, no, un accidente", pensé. Disminuimos la velocidad y al pasar por esta caótica escena quedé boquiabierta. Un auto estaba completamente ruedas arriba y su contenido estaba regado sobre el césped que bordeaba la autopista. En ese momento, los paramédicos habían recogido a una persona y la conducían sobre una camilla a la ambulancia. "Dios mío", recé, "por favor, ayúdalos." Recordé mi entrenamiento de Reiki y comencé a enviarles energía curativa partiendo desde antes de lo ocurrido hasta el momento mismo del accidente.

Oré para que mi trabajo fuera efectivo. Repentinamente, capté la sensación familiar de la energía curativa recorriendo mi espina dorsal de arriba abajo mucho más fuerte que nunca en mi vida. Era como si me hubieran conectado a un enchufe en la pared; así de fuertes eran las sensaciones eléctricas. Pensé que tenía suerte de que fuera mi amigo el que manejaba. Segundos después, mis párpados se hicieron pesados y mi cabeza cayó hacia adelante a medida que me sumergía en un estado soñoliento. En esta condición de conciencia alterada, retrocedí en el tiempo observando cómo el auto giraba sobre sí mismo. Inmediatamente, como si alguien hubiera apretado el botón de retroceso en esa escena, me vi en forma de espíritu, dentro del auto, momentos antes de que el vehículo empezara a dar bandazos fuera de control, y cuando comenzó a revolcarse, me sentí enferma. En mi forma de espíritu, abracé a la mujer y la mantuve apretada contra mí mientras el auto seguía rodando. Una infinita ternura y amor parecían fluir a través de mí, exteriorizándose por mis manos.

Tomé nuevamente conciencia del auto en el que me encontraba. Sentí un calor tremendo ardiendo a través de mi abdomen y en mi espalda. "Siente esto", murmuré a mi amigo. Alargó la mano y la puso sobre mis hombros. "¡Qué horror!", dijo. Él continuó manejando y yo volví a deslizarme en el "sueño."

Escuché una voz resonando como si estuviera bajo el agua. Cada vez se oía más clara: "Ésta es su hermana. Dile que la quiero." Sentí una enorme presencia de amor atravesando mi corazón y corriendo por mis venas. Terminó el momento de conciencia alterada y me vi repentinamente en el tiempo presente.

Dentro de mí algo había ocurrido; algo se había transformado. Lágrimas de alegría brotaron de mis ojos, pues ese amor que acababa de sentir era grandioso. A estas alturas muchos kilómetros nos separaban de la escena del accidente. "Ella está bien", dije a mi amigo al tiempo que me secaba los ojos. Simplemente, yo lo sabía.

Llegamos a un precioso rancho enclavado en un bosque de pinos en donde íbamos a estudiar la perspectiva de los nativos de Norteamérica en referencia a la curación y a la vida en equilibrio. Me concentré en las actividades del taller y el accidente de la ca--rretera se fue difuminando en mi memoria. Sin embargo, dos días después, el dirigente del seminario hizo un anuncio notable. "Tenemos el agrado de anunciarles", dijo, "que uno de nuestros compañeros vendrá pronto a unirse con ustedes. Cuando venía para acá, Janine tuvo un terrible accidente." Dejé de comer; con el tenedor a medio camino, escuché con atención. "Su auto se revolcó dos veces y media, pero milagrosamente, no sufrió ningún daño. Sólo tiene unas cuantas heridas y moretones." "Dios mío", pensé, "es ella."

Cuando me presenté a Janine, aguanté las lágrimas y le conté lo que yo había "visto". Con algo de timidez, al no saber qué actitud tomaría ella, le mencioné el mensaje de su hermana. Me miró con ojos de asombro. "Sentí como si las manos de un ángel me estuvieran sujetando", dijo simplemente. "Y sí, mi hermana murió hace algún tiempo. Siempre he sentido que ella está conmigo." Nos miramos a los ojos, de un alma a la otra, y vimos la conexión que tiende un puente en el tiempo y el espacio.

Algunas cosas desafían toda lógica y explicación. A veces, simplemente, lo sabemos por intuición. Muy dentro de mí, yo sé que mis oraciones fueron escuchadas. Tuve una oportunidad especial de influenciar y de proteger la vida de otro ser. Pude experimentar el profundo honor de ser, momentáneamente, un ángel terrestre.

ANN ALBERS

> *"El cambio no tiene lugar en un punto medio. Sólo ocurre cuando nos aventuramos por la orilla y damos un pequeño paso tras otro."*
> —KAREN SHERIDAN

NUESTROS MAESTROS SE PRESENTAN EN FORMAS DISTINTAS

Nuestro autobús avanzaba perezosamente por el camino rural, dirigiéndose hacia unos viñedos donde tendría lugar una subasta de caridad en beneficio del Ejército de Salvación. Un grupo de nosotros, proveniente de un club local de empresarios, decidimos viajar juntos. Era muy relajante mirar por la ventana para observar el sol dándonos su luz intermitente a través de una serie de abedules y arces.

Dentro del autobús se podía escuchar el suave murmullo de muchas conversaciones privadas. Mi esposo Eric, nuestra amiga Phyllis y yo estábamos acurrucados juntos en el asiento de atrás. Nuestra plática pasó rápidamente de temas sin importancia a tener que responder: ¿cómo estás realmente?

De nuevo me vi expresando el temor de hablar ante mucha gente. Con mi primer libro a punto de ser publicado, sabía que era mi deber promoverlo en público. Me pregunté por qué me había puesto yo misma en esta encrucijada. Mi libro incluía historias inspiradoras de personas de todo el país, de mujeres que ansiaban estar frente a un grupo y dar fuerzas a otros. Pensé que a ellas les correspondía más hablar con los medios, compartiendo sus mensajes de apoyo plasmados en el libro y así yo podría salirme de este atolladero. ¡Pero, Dios tenía un plan más grande para mí! Era como si Él me estuviera jugando una broma. En realidad, el autor necesita "estar ahí" y hablar ante los grupos. El haberme sometido a Su guía me había llevado hasta esta altura del camino, y ahora no había forma de volver atrás. ¡Yo tenía que madurar!

Consciente de mi lucha interior, Phyllis sacó una pequeña bolsa de terciopelo, aflojó el listón y me pidió que metiera la mano y sacara una carta al azar. La carta de reafirmación que seleccioné decía: "*Progreso* . . . serás cambiada en lo más profundo . . . no te reconocerás." Nos reímos, pero me quedé pensando acerca de este mensaje. ¿Estaba a punto de tener un gran cambio? ¿Guardaría alguna reserva en este proceso? Nos acomodamos en los asientos, manteniendo los pensamientos para nosotros mismos.

En ese momento sentí surgir un poder en mi corazón. Se trataba de una clara sensación física de estar llena. "¡Esto es de lo más loco!", le dije a Phyllis. "¡Siento mi cuerpo como si acabara de recibir una dosis de confianza!"

Una hora después, en el viñedo, nos sentamos a las mesas de picnic cubiertas con manteles de cuadritos blancos y rojos y comimos nuestro almuerzo. El coordinador del evento presentó al subastador.

Las apuestas para adquirir una caja de vino Merlot avanzaban a paso de tortuga, cuando mi esposo gritó: "Le daré 100 dólares."

Sin respuesta de la silenciosa muchedumbre, yo grité: "Le daré 200 dólares." Mi tono de confianza nos sorprendió, tanto a Eric como a mí. La gente vociferaba al tiempo que observaba la guasa que teníamos compitiendo entre nosotros.

Riéndose, Eric me dijo: "En esto estamos juntos, mi amor." Pero no podía contener mi entusiasmo por haber encontrado una nueva voz en mí, así es que nos hicimos de un cajón de vino por mucho más de lo que debíamos pagar.

El subastador hizo que me acercara a él, al saber que mi entusiasmo podía ser contagioso para los potenciales compradores. Entonces, me vi hablando y conduciendo un grupo que respondía a mi espontaneidad. Las apuestas de un lado y de otro aumentaron, influenciando a los demás para que donaran algo por una buena causa.

¿De dónde venía esta nueva libertad, no sólo de hablar, sino de gritar con alegría, enfrente de un grupo? Estoy segura de que se me estaba demostrando que verdaderamente yo podía vencer aquello que temía. Es como si Dios estuviera diciendo: "Tu temor a hablar en público no te está haciendo ningún bien. Deja ir ese temor y avanza con alegría."

Nuestros maestros se presentan en muchas formas diferentes. Es impresionante lo que ocurre cuando adoptamos una manera de ser abierta, receptiva y de aprendizaje. Al seleccionar la carta de afirmación, me sentí rara. Sin embargo, el mensaje "perfecto" que obtuve fue justamente el empuje que necesitaba para aprender y crecer.

Como ven, Dios me llenó en ese momento. Es posible que no siempre escuche un mensaje importante en la forma más convencional. La letra de una canción en la radio podría darme lo que necesito en un momento dado, o bien, las palabras en una tarjeta de felicitación de una amiga podrán inspirarme. Una frase poderosa de un antiguo maestro podría remover mi alma, o podría descubrir el siguiente paso de mi vida en el momento en que el viento me roza las mejillas cuando voy caminando por el bosque.

Con un sinnúmero de programas de televisión y de radio tras de mí, me han ocurrido muchas cosas asombrosas desde aquel momento crucial cuando atravesé el umbral desde el mundo del temor al de la confianza. Ahora recuerdo las palabras que Dios nos ha dicho a todos: "Si supieras quién camina contigo, ¿cómo podrías tener miedo?"

KAY ALLENBAUGH

II
CHORROS DE
CRECIMIENTO

"Quiérete a ti mismo ahora. Ponte diez años a la cabeza de tus amigos."

—JENNIFER JAMES

"No hay poder sobre la tierra que pueda resistirse al poder del amor. Amando a nuestros enemigos, los convertimos en nuestros amigos."
—STELLA TERRILL MANN

EL ÁNGEL DEL SEÑOR

M e encontraba vigilando al joven desaliñado vestido de negro que estaba parado cerca de la capilla. Como guardia de seguridad en un hospital de Georgia, observo a la gente y, en especial, a aquellos que lucen sospechosos. Cuando le pregunté que si podía serle de ayuda, me dijo que estaba esperando a una persona. Hice el propósito de vigilarlo, pero cuando regresé a buscarlo vi que ya se había ido.

Un rato después, recorrí los pasillos del hospital y vi al joven completamente dormido en una banca de la capilla. En ese momento ya no se veía amenazador y más parecía un cachorro depositado ahí para que no sufriera el frío de esa noche de noviembre. Al observarlo dormir recordé lo que mi madre me había dicho siendo yo un niño: "Sea quien fuere el que encuentres, sin importarte los harapos que porte, trátalo con amabilidad, porque podría ser un ángel del Señor."

Pedí a Easter, mi amigo y compañero, que me ayudara. Buscamos en nuestros bolsillos, juntamos algunas monedas y compramos un almuerzo de la cafetería para este desaliñado desconocido. Puse la charola de comida junto a él, acomodé una almohada bajo su cabeza y lo cubrí con una frazada con cuidado para no despertarlo.

Cuando a la mañana siguiente despertó, yo ya me había ido a casa, pero encontró a Easter y le preguntó que quién había sido tan bueno con él la noche anterior. Se sorprendió al enterarse que ese acto de amabilidad provenía de un guardia de seguridad de raza negra.

Su expresión era de desesperación y confusión a medida que decía: "Nunca antes había estado cerca de una persona negra. Todo lo que mis amigos me enseñaron acerca de los negros no es cierto, pues me dijeron que están al acecho para degollarte. No entiendo nada . . . tengo que pensar bien varias cosas."

Debido a nuestro significativo encuentro, pudimos vernos uno a otro con una actitud de aceptación y no de juicio. Que este joven me reconociera como persona y que yo reconociera la necesidad de compasión que él tenía, cambió nuestras vidas para siempre. Un momento de curación nos permitió ver las cosas como nunca antes lo habíamos hecho. Esta experiencia me llevó a preguntar: "¿Qué pasaría si cada vez que conociéramos a una persona pensáramos que es un ángel del Señor?"

Nunca se puede saber cuándo un acto de bondad puede unir a las personas. Con alguna aprehensión, este desconocido harapiento se sacó la chaqueta, se enrolló las mangas y mostró a Easter un sorpresivo tatuaje que simbolizaba la persona que, hasta entonces, él había sido. Decía: *Ku Klux Klan*.

ARLINE CRAWFORD BURTON

POR UN PELO, MÁS AMOR

*S*iempre tuve una relación difícil con el parche negro y ondulado que coronaba mi pequeña cabeza como si fuera el sombrero de un bufón. Sin ataduras y de libre espíritu, con cada nuevo día escogía un camino diferente. Un día caía sobre mi frente, al siguiente, se rizaba caballerescamente hacia atrás. Debería amar su naturaleza impetuosa, su audaz tendencia al cambio, su chispa y su brillo. Pero, por el contrario, he sostenido una batalla con mi pelo por casi cuatro décadas, intentando, sin ningún remordimiento, romper el espíritu de los que ahora son rizos con hilos de plata. A pesar de amenazas, adulaciones y engatusamientos sin fin, nunca pude hacer que esas cosas salva-jes trabajaran juntas para producir lo que pudiera verse como un peinado de salón. Despojada de toda esperanza, cambié esa insatisfacción latente por un franco desdeño por mi pelo.

Yo, que siempre creí en el más débil . . . Yo, que siempre di unas monedas a hombres que vagaban por la senda de piedritas . . . Yo, que despertaba sonriendo con la convicción de que cada día nos traería nuevas promesas . . . Yo, que compraba galletas, barras de chocolate, papel de regalo y boletos para rifas, que nunca ganaba, de cualquier chico que tocara a mi puerta . . . Yo, que pensaba que mi dedicación al estudio de varias tradiciones espirituales era testimonio de mi evolución personal . . . no podía querer a mi propio pelo.

En mi desesperación, comencé a meditar acerca de él. Quemé incienso, hice mugrosas ceremonias en mi baño, me arrodillé ante la diosa del pelo y rogué por su misericordia. Entonces ocurrió: una conexión pura y directa con lo divino. La diosa del pelo habló:

"Hija mía, por mucho tiempo te he esperado. Es malo codiciar el pelo de tu prójimo. El espray, la espuma y el secador de pelo son falsos dioses. La paz y la sabiduría interiores se obtienen honrando lo indómito de tu pelo. No lo resistas; acéptalo."

Con eso se esfumó la diosa. La llamé, pero no dijo otra palabra. Y de esta manera comenzó el largo camino hacia el amor a mi pelo. Cuando me frustraba, daba disculpas. Cuando hacía una rabieta y me burlaba del espejo, dejaba pasar un rato. En un año ya estaba teniendo un amorío con mi pelo, tenía un peinado sofisticado y me regocijaba con los cumplidos que recibía.

Un día fui al salón de belleza de costumbre para que me emparejaran el pelo y algo salió muy, pero muy mal. A pesar de mis instrucciones, mi estilo de peinado fue recortado y miles de rizos se cayeron al piso. Demasiado enojada para hablar, manejé a casa en las nubes. Con lágrimas en los ojos me arrodillé, una vez más, ante la diosa del pelo buscando consuelo y respuestas. La diosa apareció y me besó con ternura en la frente. Una sonrisa comenzó a dibujarse en sus labios y dijo: "Esto fue sólo una prueba. Si ésta hubiera sido una emergencia en pelo de verdad, mañana habrías tenido una entrevista para empleo."

O. C. O'CONNELL

UNIÓN DE ALMAS

Cuando mi hijo Ryan partió para la universidad, me sentía segura de haberle transmitido las cualidades que lo prepararían para ser un buen ciudadano del mundo. Luego, aguanté la respiración. Los chicos son chicos. Era la primera vez que probaría la libertad e iba a meter la pata. Eso, era inevitable.

No tuve tiempo para "el síndrome del nido vacío". Estaba preparando lo que nosotros, muchachos de los años sesenta y setenta, diríamos a nuestros padres al llamarlos por teléfono: "Hola, mamá . . . estoy en la cárcel . . . ¡pero sólo era cerveza!, ¡en el campus nos dijeron que era legal!" Cosas así.

Dos semanas después, Ryan llegó a nuestra casa en Houston con su bolsa de ropa sucia en la mano. Cuando le pregunté qué le parecía la universidad, además de sucia a juzgar por la cantidad de ropa mugrosa que traía, me dijo: "Sabes, mamá, hay algunas personas verdaderamente extrañas en el campus."

Imaginé pervertidos, drogadictos, tipos medio gangsters, compañeros seropositivos en pos de medicinas. Entonces, le pregunté: "¿Qué tan extrañas?"

"Como medio loquitas. Mike, Carl y yo fuimos a la habitación de Darcy para conocer a su compañera de cuarto y a otras chicas del primer año. Estábamos todos amontonados en este cuarto, platicando, ¡cuando, esta chica comenzó a cantar! A cantar abiertamente, no suave, sino a todo pulmón. Era tal el volumen que no podíamos escuchar lo que los otros conversaban. Fue muy extraño."

"¿Las canciones eran extrañas?"

"No, ella era rara. Ni siquiera descansaba, pues continuó tarareando para ella misma, aun cuando todos estábamos hablando."

"¿De dónde es ella?"

"De Houston. Mamá, ni siquiera conocía a su compañera de cuarto. Simplemente le habían asignado esa habitación."

"¡Imagínate!", dije, recordando mi propia experiencia (¿no fue sólo la semana pasada?) cuando *todas* nuestras compañeras de cuarto eran desconocidas.

"¿Qué tipo de persona es esa que ni siquiera se preocupa por escoger a su compañera de cuarto?"

En este punto de la conversación sentí que algo raro estaba pasando, pues mi hijo estaba actuando de manera un tanto asertiva y, tímidamente, evitaba mirarme a los ojos.

"Ryan, ¿en alguna ocasión, te burlaste de ella?"

Silencio.

Sentí que mi piel se erizaba como carne de gallina y, repentinamente, me visualicé en ese cuarto con todos esos muchachos. Sentí que los conocía a todos, excepto por la chica cantarina. Y ciertamente que conocía el incisivo sentido del humor que mi hijo poseía. Podría sacarle ventaja a Robin Williams. Sentí el dolor, la vergüenza y la soledad de la chica.

Había lágrimas en mis ojos. "Ryan, siempre has sido muy quisquilloso acerca de la gente. Me temo que le dijiste algo a la muchacha que pudo haberla lastimado. Algo que a lo mejor no te pareció gran cosa pero que para ella pudo ser hiriente y terrible. En cuanto regreses al campus, quiero que la encuentres y que te disculpes.

"Pero, mamá."

La noche del domingo, Ryan regresó a la escuela y me llamó a la noche siguiente. "Mamá, ¿recuerdas a la chica que cantaba? ¡Se fue! Su compañera de cuarto me dijo que abandonó el campus. ¡Dejó la escuela! Regresó a su casa y se matriculó en la Universidad de Houston. Es por mi culpa, mamá. Ahora sé que la lastimé, como tú dijiste."

Pasaron los años y Ryan regresó a casa, mayor y más sabio. Ese verano trabajó muchas horas haciendo encargos pesados para su padre y para mí en nuestro negocio de piscinas y de saunas.

Él y los otros empleados entregaron un sauna a uno de nuestros clientes, quien ese mismo día en la tarde telefoneó a mi esposo y le dijo: "Mi hija vio un joven entregando nuestro sauna y le gustaría salir con él, pero es muy tímida para pedírselo. ¿Me podría decir quién es el chico alto y rubio?"

"Mi hijo", dijo mi esposo, "con mucho gusto le daré el mensaje."

A Ryan le gustaba hacer nuevas amistades, así que llamó a Christy y quedaron en verse. La noche del siguiente sábado, después de conocer a sus padres, condujo a Christy hasta el auto. Cuando estaban a punto de dar la vuelta a la esquina, Ryan se volvió hacia ella y le dijo: "Tú eras la chica que cantaba en la habitación de Darcy."

"Sí Ryan, así es."

"Siento muchísimo haberte tratado así."

"Sé que lo sientes, Ryan."

Cuando Ryan regresó esa noche y me contó lo sucedido, ambos teníamos lágrimas en los ojos. Me sentía inundada con ese increíble sentimiento que tengo cuando sé que mi vida ha sido tocada por lo divino.

Miré a mi hijo y le dije: "Ryan, algún día te vas a casar con ella."

"Lo sé, mamá", dijo . . . y así fue, varios años después.

De todas las alegrías de mi vida, la más grande de ellas es saber que mi hijo encontró su alma gemela.

Imagínense qué habría pasado si Ryan no se hubiera retractado de su primera impresión. Esto me recordó el dicho que compartí con él cuando todo este episodio comenzó: "Ten cuidado", le había yo dicho, *"¡aquello en lo que pones tu atención, determina lo que vas a echar de menos!"*

CATHERINE LANIGAN

"Creo que la más importante lección que jamás haya aprendido, es que no hay sustituto para el acto de prestar atención."
—Diane Sawyer

MOVIENDO LA LUNA

Una tarde, estaba yo leyendo bajo un sicomoro mientras mi hija, demasiado chica para ser una gran nadadora, subía y bajaba por los escalones superiores de nuestra piscina. Repentinamente, me llamó y dijo: "¡Mami, mira, la Luna!"

Deseando que me dejara tranquila con mi lectura, le dije, con un tono con el que yo esperaba se diera cuenta de esto: "Hija, no la puedo ver porque el árbol me la tapa."

"Está bien", dijo, "la moveré para que la puedas ver."

¿Mover la Luna? Ahí sí que captó mi atención. Comenzó a caminar por todos los peldaños de la escalera y, desde su perspectiva, apartó la luna del árbol.

"La Luna me sigue", dijo con gran seguridad.

Ahora, totalmente consciente de que éste era uno de esos momentos mágicos de la maternidad, cerré el libro y me alejé del árbol.

"Ah . . . ahora veo lo que quieres decir."

En esa hora cercana al crepúsculo era una vista preciosa ver esa Luna casi llena con uno de sus bordes algo borroso.

"Gracias por mostrarme la Luna", le dije con toda sinceridad.

"¿Por qué me sigue la Luna?", dijo, con esa agradable seguridad de una actriz principiante.

Me quedé callada y reflexioné antes de responder. Con mi primer hijo, yo le habría explicado todos los hechos científicos acerca de la perspectiva y de la percepción. Si mi segundo hijo me hubiera hecho esa pregunta le habría respondido: "Esa respuesta yo la sabía; creo que sé dónde buscarla y tomaré nota de esto. Más tarde te lo diré."

Pero a esta criatura, esta hadita mágica, que *sabe* que la Luna *la* sigue, ¿qué le respondo? Sabía que muy pronto alguien (quizás su hermano) le informaría brevemente que la Luna *no* la seguía. O bien, que en la lenta crueldad del acto de crecer, gradualmente se infiltraría en su mente el tomar conciencia de que la Luna no podría seguirla y a medida que se fuera haciendo adulta, se olvidaría de que tuvo esa magia y, en un momento dado, como yo, se olvidaría completamente de la Luna y aun dejaría de observarla.

"¡Mira, yo hago que la luna salte arriba y abajo!, ¿la ves?", me volvió a decir.

Yo seguía como en un sueño. Entonces, me avergüenzo de decirlo, pero es algo que sí nos ocurre a las mamás de vez en cuando, momentáneamente "se me fue la onda". Después de todo, ella estaba interrumpiendo el hilo de mis grandes pensamientos, diciéndome: "¿Viste cómo hice saltar a la Luna?", a esto le respondí malhumoradamente, muy malhumoradamente: "No, no lo vi."

Dejó de saltar y me miró inquisitivamente y dijo: "¿No lo viste?", con tanta pureza, que fue como si me dieran una cachetada y, entonces, reaccioné.

"Déjame verlo nuevamente", le dije.

Saltó y saltó, y la vi.

"Tienes razón", dije. "Está saltando."

Me sonrió con esa brillante sonrisa que da la seguridad.

Einstein dijo: "Si quieres que tus hijos sean brillantes, cuéntales cuentos de hadas. Si quieres que sean muy, muy brillantes, cuéntales muchos más cuentos de hadas."

Espero que ella siempre recuerde esa maravillosa perspectiva y su mágica capacidad de hacer cosas asombrosas. Yo sé que nunca lo olvidaré, porque para mí, la niña hada madrina siempre moverá la Luna.

SARAH JORDAN

CURANDO CON AMOR

Alguna vez alguien me preguntó qué era lo peor que yo había hecho, a lo cual, respondí sin titubeos: "Estaba tan abstraída en mí misma, que no nutrí a Rich lo suficiente cuando era un bebé." Rich, el segundo de mis cuatro hijos, nació cuando yo tenía 19 años. Verdaderamente que sí lo cuidé en todos los aspectos físicos como lo hace cualquier madre que se preocupa por sus hijos: le di de comer, le cambié de pañales, lo mantuve limpio y me aseguré que tuviera las suficientes horas de sueño.

Sin embargo, aquellos que son padres, sabrán que eso no es suficiente. Con frecuencia, la intimidad que se observa cuando una joven madre mira a su bebé, es casi palpable. Yo amaba a mi hijo, pero nuestra relación carecía de la explosiva abundancia de sentimientos. En ella faltaba el sentido de embeleso y de conexión. Atemorizada, pensando que nunca podría vivir mi propio sueño de convertirme en maestra, yo me había desconectado. Me sentía muerta por dentro y aunque sí estaba meticulosamente pendiente de las necesidades de Rich, de alguna forma simplemente realizaba los deberes de una madre sin tomar conciencia.

A los seis meses, Rich desarrolló una condición física en la cual su cuerpo no podía retener el alimento. Le dieron fiebres altísimas que los médicos no podían controlar y fuere lo que fuese que hiciésemos, Rich continuaba perdiendo peso.

Llegó el momento en que el doctor me dijo que era probable que el bebé no sobreviviera esa noche. Una madrugada, estaba yo sentada en una habitación del hospital al lado de donde Rich luchaba por su vida con cientos de tubos que le salían de los bracitos. Uno de los médicos que lo asistía me explicó la seriedad de su estado, e intentaba prepararme para lo peor. Repentinamente, me di cuenta que yo observaba esta conversación desde el otro extremo de la habitación. Lo que había llegado a identificar como "yo", mi conciencia de todos los días, estaba flotando en un rincón superior, observando este cuarto estéril y blanco con toda la gente en él, de una forma que, curiosamente, era una combinación de desapego y de compasión. Yo había leído acerca de experiencias fuera del cuerpo pero sólo había acertado a encogerme de hombros. Sin embargo, ahora podía ver claramente al médico hablando con una joven y asustada madre que era yo.

Al mismo tiempo, podía sentir mi conciencia flotando en la habitación de Rich; mirando desde arriba a mi bebé, me sentía asustada al darme cuenta de que él no se moría de hambre, sino más bien por no tener un alimento de amor incondicional que yo le había negado. Ante esa carencia, su cuerpo moría de inanición, sin poder salir adelante.

En un segundo, mi conciencia se encontró nuevamente en mi cuerpo y le agradecí al doctor sus palabras de consuelo. Inmediatamente, me dirigí al cuarto de Rich. Todos los sentidos de mi cuerpo estaban profundamente alertas y despiertos. Al acercarme a su cunita, mi energía parecía crecer y expandirse hasta rodear a mi pequeño bebé enfermo. Repentinamente, me sentí como si estuviera encinta de este bebé, otra vez. Con mucho cuidado para no mover los tubos, me incliné sobre la cuna y comencé a acariciarle la cara, asegurándole que nunca más volvería a privarlo del amor que necesitaba. Le abrí mi corazón completamente y le dije cuánto lo amaba y cuánto lo necesitaba en mi vida. En esos minutos, maduré muchísimo. Durante el resto de la noche, me senté al lado de su cuna, rezando y sintiendo su suave piel contra mi mano.

Rich sobrevivió esa noche y lentamente fueron cediendo los síntomas de su enfermedad, pero los doctores nos advirtieron que existía la posibilidad de que hubiera sufrido un daño cerebral permanente. Cuando ya tenía un año, Rich todavía no podía enderezarse por sí mismo y sus brazos y piernas tenían poca fuerza. En las semanas y meses siguientes, mi esposo, mis padres y yo nos concentramos exclusivamente en darle todo el amor posible. Logramos que se fortaleciera, pero no se recuperó totalmente hasta que tuvo casi tres años.

Años después, cuando lo veía jugar futbol en la escuela secundaria, casi no podía creer que cuando niño, este joven atleta moviera sus miembros con tanta dificultad. Cada uno de nosotros había experimentado su propio milagro. El suyo había sido el milagro de una curación física. El mío había sido el poder pasar del temor y las dudas al reino en donde yo tenía la libertad de amar a mi hijo.

REV. MARY MANIN MORRISSEY

EL MILAGRO DE AMARSE

Durante casi toda mi vida sentí que mis sueños se encontraban fuera de mi alcance. Parecía que para lograr objetivos, se requería de demasiado trabajo y con frecuencia me quedaba añorando el amor o el éxito. Me sentía atrapada entre el trabajo y la falta de metas. Cuando mis actividades parecían estar en un completo desorden y me sentía al borde de la desesperación, alguien me aconsejaba, una y otra vez: *ámate.*

"¿Cómo?", preguntaba yo, ¿cómo me puedo amar? Lo ignoraba. Para mí, amarse significa terminar con el dolor comprándose un nuevo conjunto o un *hot fudge sundae.* Mis maestros y consejeros estaban listos para señalar que ese tipo de remedios sólo servirían durante el tiempo que durara la experiencia. Necesitaba pasos concretos para resolver mi dilema y no un consejo vago.

No fue fácil obtener mi título de licenciatura a la vez que trabajaba tiempo completo y que criaba a mis hijos, además de divorciarme, y de ser sometida a una cirugía mayor. Pero todo esto no eran sino estaciones hacia mi eterno sueño de vivir en Seattle.

El primer paso para alcanzar ese sueño era hacer una carrera en relaciones públicas. Lo que encontré en Seattle fue pocos empleos para cientos de solicitantes. Luché durante cuatro años, empleándome en trabajos relacionados con esa profesión. Con frecuencia laboraba el día entero, para luego hacer trabajos a destajo o como voluntaria con tal de mejorar mi currículum; era como si tuviera dos empleos de tiempo completo; estaba hasta el cuello en esta lucha y me sentía descontenta por mi falta de capacidad para crear el trabajo y el estilo de vida que yo había soñado durante tantos años.

Después de cuatro años en este círculo vicioso, fui despedida, sin que, de momento, hubieran otras oportunidades para mí. Estaba atemorizada y preocupada. Sin embargo, continué mi "labor" de buscar empleo durante meses pero, sin resultado. Por pura desesperación, sentí que tenía que abandonar el sueño que me había mantenido activa a través de la mayor parte mi vida.

Con el deseo de huir a un lugar que tuviera fuerza y belleza y en donde no tuviera que encarar el dolor, me tomé un tiempo para quedarme en la cabaña de mi primo junto al mar.

Allá, me ocurrió algo increíble. Durante tres días no hice otra cosa que gozar el paisaje, meditar y leer. El cuarto día, cuando escuchaba los mensajes de teléfono en la grabadora, oí una llamada de una asociación donde me había entrevistado hacía meses. Se trataba de una oferta para una posición en relaciones públicas. Entonces me di cuenta que "abandonar" la lucha y confiar en que el proceso permitiera que las bondades fluyeran en mi vida, era la forma como yo me había amado.

Todo el éxito que haya experimentado en mi vida me ha llegado a través de un gran esfuerzo. Ésta fue la primera demostración que el aflojar conscientemente y confiar en lo que la vida nos depare, lograba algo que yo anhelaba.

Después de dos años, me ofrecieron un magnífico empleo en la casa matriz de la asociación en Washington D.C. No era Seattle, pero no cuestioné este cambio, pues ya había aprendido que lo mejor en mi vida llegaba a mí sin lucha y sin dolor.

Quisiera decirles que he abandonado la lucha completamente, pero no puedo hacerlo. Sin embargo, me siento muy afortunada de tener amigos pacientes, una familia amorosa y maestros que se preocupan por mí, que escuchan mis plegarias desesperadas cuando me olvido que soy la hija de un Padre amoroso.

Ahora creo que "el amor a sí mismo" significa avanzar con serenidad y dejar ir esa necesidad de intentar y dilucidar todo por mí misma. Primero pido ayuda y luego me tranquilizo. Ahora y regularmente, le doy a Dios algo en qué ocuparse.

JILL GOODWIN

III
ALIMENTANDO
EL CORAZÓN
DE UNA MUJER

*"El amor es una fruta de temporada
durante todo el año y está al alcance de cualquier mano."*

—MADRE TERESA

FOTOGRAFÍAS DEL CORAZÓN

En aquel agosto de 1962, la luna brillaba sobre el cofre del Ford Fairlane, a medida que Jason conducía su auto entre los robles cargados de heno que bordeaban el camino a mi casa. Tímida y silenciosa, me hallaba sentada junto a la portezuela del asiento delantero, retorciendo un manojo de mi pelo castaño lleno de fijador. El auto se detuvo tras las luces de seguridad que iluminaban mi hogar y, por un momento, Jason paró el motor. Con un suspiro silencioso, robé una última mirada a los labios estilo Elvis que complementaban su nariz perfectamente esculpida. La cita con la cual había soñado durante todos mis estudios secundarios, estaba a punto de terminar con la simple nota: "te veré en otra vida".

En la puerta, Jason me dio un apretón de manos y dijo: "Bien, Linda, a ver si volvemos a vernos."

Las palabras que yo quería decir se me pegaron a la lengua como si fuera mantequilla de maní y en lugar de expresarle mi deseo de que así fuera, dije: "Gracias por una linda velada."

Al decirnos adiós, entrecerró los ojos a causa del brillo de la luz de la terraza y luego me miró con ojos que brillaban como esmeraldas. Cada uno de mis sentidos grabó ese momento como si fuera una fotografía: el aire pegajoso del verano tocando nuestras manos unidas, la luz de la luna arremetiendo entre los altos pinos del patio, la sinfonía de un grillo a nuestro entorno. Hasta su colonia mezclada con el olor del bosque encontró su camino hasta mi fotografía.

Después de que él se marchó, apagué las luces mientras que mi corazón se hundía como una piedra en el agua. "¡Dejé pasar esta oportunidad con Jason!", grité. Y permanecí en la oscuridad apoyada contra la puerta principal, parcialmente abierta. Al tiempo que escuchaba el ronroneo de su auto a la distancia, supe que sobre mi teléfono caería una montaña de polvo del sur de Georgia, antes de que él me volviera a llamar. Esa noche, me tragué una cucharada enorme y desagradable de rechazo.

Durante días me sumí en el autoenojo por el romance que pudo haber sido si yo no hubiera escondido mi verdadera personalidad bajo una fachada denominada "la cita perfecta". Si Jason no hubiese sido popular o hubiera sido menos inteligente, o si tuviera una cara como la de Cuasimodo, yo no habría temido el mostrarle a la verdadera Linda. Pero él había sido capitán del equipo de futbol americano y de basquetbol, presidente de la clase, y *DJ* en la pequeña estación de radio de la localidad. Además de estar impresionada por su capacidad y su popularidad, me encontraba enamorada de su buen físico e intimidada por su inteligencia.

El pensar en la universidad pronto me ayudó a enterrar la fotografía emocional de Jason, así como mis sentimientos de rechazo.

Veintitrés años después lo vi en una reunión de ex alumnos.

"¡Estás estupenda!", dijo Jason, abrazándome. Observé sus entradas canosas al estilo George Hamilton. Hablamos superficialmente, pero no había pasado mucho tiempo antes de que un torrente de viejos temores me hicieran presa, y puse una gran muchedumbre de compañeros de clase entre él y yo.

Un día de primavera de 1996, después de haber sobrevivido a la mayoría de las crisis de adulto, según ha descrito Gail Sheehy en su libro *Pasajes*, respondí el teléfono y me quedé sorprendida al escuchar una potente voz masculina. Pronunció mi nombre con tal entusiasmo, que pensé que me había ganado la rifa de las *Selecciones del Reader's Digest*.

"¡Linda!, ¿sabes quién soy?"

"No", dije, al tiempo que buscaba en el archivo mental de los hombres en mi pasado.

"Soy Jason."

Después del primer golpe, Jason y yo comenzamos a unir las piezas de nuestros días en la escuela. Como un par de chicos de cinco años con buen espíritu, nos hundimos en el cajón de arena de nuestros recuerdos y nos reímos de las muchas cosas chistosas que habíamos hecho en aquellos días.

Discutimos nuestras vidas, errores y faltas con una honestidad refrescante y comenzamos a construir una amistad basada en la verdad.

Entonces, de la nada, Jason me hizo la siguiente pregunta:

"Linda, ¿recuerdas nuestra cita después de la graduación?"

"Sí, recuerdo tu viejo Ford blanco."

"¿Qué nos pasó?, ¿qué crees tú que significó esa cita?"

Me reí. "¡Me rechazaste, pues nunca volviste a llamar!"

"No, Linda. Te diré lo que realmente pasó. Yo era inseguro", admitió. "Tú eras reservada, y yo provenía del lado pobre del pueblo. No era lo suficientemente bueno para ti. Tenía miedo de volver a verte, pero, ¡pensé en ti todos estos años!"

Con la miel de esta verdad, mi pared de rechazo con 34 años de antigüedad, se desmoronó como galletas pasadas en su vieja caja. Vi al verdadero Jason por primera vez: un hombre con los pies en la tierra, sensible y con temores como yo.

Ahora estamos a medio verano, y he reemplazado mis viejas fotos de Jason con unas nuevas, como las que mis sentidos toman todas las tardes en que los dorados rayos de sol se esparcen a lo largo del ancho río, cuando Jason y yo estamos en sus verdes orillas. O como la que registra el sonido rítmico de las olitas contra los botes de vela cuando nos sentamos en el muelle con los pies colgando y observamos el ballet de las marsopas a medio río.

Lo mejor de todo, son las fotos de los abrazos, de la risa y del amor creciente de dos amigos que encontraron el valor para hacer juntos, fotografías del corazón.

LINDA DUNIVIN

LA CONEXIÓN DEL PIJAMA

Lo que todos esperaban escuchar es que yo me había unido al Cuerpo de Paz para vivir una vida de servicio o para ayudar a aquéllos menos afortunados o, por lo menos, porque había perdido la cabeza. La verdad es que ansiaba la aventura y para alguien que tenía un presupuesto tan reducido como el mío, pareció el camino más conveniente. Así es como, a la edad de 22 años, llegué a vivir a las montañas de Guatemala, en una choza de adobe a 18 kilómetros de la carretera más cercana. El día que llegué, el comité de bienvenida consistía en una víbora enroscada bajo la base de madera y soga de mi cama, a la cual destrocé con un machete hasta matarla. Poco después, un vecino pasó para indicarme cuál de los insectos que habitaban las paredes de adobe "no me harían nada", y cuáles "me matarían con toda seguridad". Después del incidente con la serpiente, el ritual de enganchar una vela a la pared cada noche, de aplastar escorpiones y tarántulas con una bota de excursiones antes de retirarme a dormir, parecía una tontería. Bajo estas circunstancias, con gran gusto acepté la invitación de ir con un amigo del Cuerpo de Paz a la vieja capital de Guatemala, Antigua, para ver el partido del Super Tazón en un bar de estadounidenses.

Ataviada para la larga jornada y el viaje en autobús con un calor desértico de 40°C, me había puesto un vestido largo y tubular, que colgaba en picos de mi cuerpo, con el pelo rojizo atado con un moño en la parte de arriba de mi cabeza. Cuando llegamos a nuestro destino, quemados por el sol y sucios, estábamos más que listos para sentarnos y vegetar en frente de la televisión. Fue entonces cuando a mi compañero se le ocurrió comentar que yo me veía horrenda. "Y además", dijo, "ese vestido parece un camisón de dormir. Parece como si te hubieras puesto un pijama."

Pensando que esa broma era graciosa, miró al grupo de amigos voluntarios del Cuerpo de Paz y a otros norteamericanos que nos rodeaban y les dijo: "Vamos a ver, ¿no creen que parece que lleva puesto un pijama?" Lentamente, el hombre sentado frente a mí, se volteó y me miró directamente a los ojos. "Yo creo que te ves absolutamente preciosa", dijo, antes de volver a poner su atención en el juego. Me sentí aplastada.

Al día siguiente, de regreso a mi cabañita, concebí "el plan". Antes de dejar la ciudad, hice algunas preguntas y descubrí que se llamaba Frank. Compañero voluntario del Cuerpo de Paz, vivía en un pueblo a diez horas del mío. Mi misión era arreglar un encuentro casual en la capital, a donde llegábamos los voluntarios el primer fin de semana de cada mes, para recibir nuestro estipendio. De esa forma, él tendría la oportunidad de pedirme que saliera con él, porque como todas las chicas "propias", católicas que asistían a la escuela parroquial, aprendí que una jovencita nunca da el primer paso y, desde luego, jamás le pide una cita a un hombre. El problema fue que la única vez que logré verlo después de todo esto, no me pidió que saliera con él y luego no volví a verlo sino hasta seis meses después. Y así fue como hice lo que ojalá propiciaran más en esas escuelas parroquiales: rompí la regla.

Escribí una carta a Frank, invitándole a encontrarme en la capital para cenar la noche antes de la fiesta del 4 de julio en la embajada de Estados Unidos. Comencé recordándole quién era yo y terminé diciéndole que le enviaría un telegrama cuando la fecha se acercara para hacerle saber dónde y cuándo podríamos vernos. "Si no estás interesado", concluía, "simplemente no llegues y nunca más te volveré a molestar." Hice que cada uno de los hombres presentes en la oficina del Cuerpo de Paz leyera mi carta. "¿Qué piensas?", les preguntaba. "Quiero asegurarme que no suena muy descarada o tosca." La respuesta de todos era: "Está perfecta." Uno de los más queridos me dijo: "He esperado toda mi vida para recibir una carta como ésta. No la cambies." Así pues, contuve la respiración, puse la carta ahí mismo en el buzón de la oficina, y regresé a casa.

A mediodía del día siguiente, había recorrido 18 kilómetros cerro arriba y vuelto a bajar. Debido a una serie de incidentes desafortunados y extraños en referencia a tres serpientes cascabel, un pollo y una laja de mármol, me encontré pidiendo aventón de vuelta a la embajada para presentar el informe de un crimen. Al encontrarme tan cerca de las oficinas del Cuerpo de Paz por segunda vez en dos días, pensé que era buena idea ir allá y constatar si Frank había pasado a recoger su correo. Entré por la puerta trasera y casi me topo con él, pues estaba sentado sobre el respaldo del sofá leyendo mi carta. Mientras lo miraba él se reclinó, pluma en mano, y empezó a escribir una nota. Dándome cuenta que no sabía que estaba yo a sus espaldas, me acerqué un poco para leer lo que estaba escribiendo; de esta manera, si eran malas noticias, podría batirme rápidamente en retirada por la puerta trasera sin tener que soportar la humillación de ser rechazada en persona. "Querida Ellen", comenzaba su carta, "puedes mandarme un telegrama cuando quieras, a donde quieras, que inmediatamente iré a donde tú estás." Tap, tap, tap . . . toqué su hombro y, para su sorpresa, le sonreí y le dije: "Aquí estoy."

Caminamos con las manos entrelazadas hasta el Burger King, restaurante muy lujoso en esta parte del mundo, para planificar nuestra primera cita en un mes. Después de haber establecido la hora y el lugar de nuestro próximo encuentro, al igual que nuestro punto de vista sobre las religiones orientales y la política occidental, caminamos a la estación de mi autobús y me besó en la mejilla antes de decirnos adiós. Cuando finalmente llegué a casa, ya muy tarde, me acomodé bajo la luz de la vela para escribir una carta a una amiga en Estados Unidos. Al final, añadí una posdata: "Acabo de hacer una cita con el hombre con quien me voy a casar."

Nuestra cita para cenar en la capital el 4 de julio se convirtió en una semana de desayunos, almuerzos y cenas. Tres semanas después, una semana antes de nuestro siguiente encuentro según lo planeado, un macilento compañero logró subir hasta mi montaña para entregarme un telegrama. "Nunca más estemos separados tanto tiempo", decía. "Te quiero, Frank." Y así fue, pues nos las arreglamos para viajar y trabajar en el pueblo del otro una semana cada mes. El día de Nochebuena, en un antiguo convento situado en el mismo pueblo donde me había dicho por primera vez que yo era preciosa, se arrodilló ante mí y me pidió que me casara con él.

Cuando caía la oscuridad en esa mágica noche, encontramos un apacible restaurante donde poder celebrar nuestra buena fortuna con vino, queso y carnero rostizado; algo tan diferente a nuestro alimento usual de frijoles y huevos. Siendo la Navidad una festividad familiar en América Central, éramos los únicos parroquianos hasta que, cuando ya íbamos por la mitad de nuestra cena, llegó una pareja de edad avanzada y se sentó en la mesa contigua a nosotros. Pensamos que era curioso que se acomodaran tan cerca puesto que había mesas vacías por todas partes. Pero entonces enfocamos nuestra atención a otras cosas y dejamos de notar su presencia. Terminada nuestra cena, nos levantamos para volver a la oscuridad de la noche cuando la señora alzó su mano y me tocó el brazo. "Disculpen", dijo, al tiempo que tomaba mi mano, "no me gusta entrometerme en una noche tan especial, pero debo hacerles una pregunta. Los dos se ven tan felices: ¿se trata de una ocasión especial?" Frank sonrió al tiempo que respondía, haciendo movimientos afirmativos con la cabeza: "Así es, señora. Esta noche le pedí que fuera mi esposa."

La viejita miró a su compañero y los dos sonrieron profundamente. Entonces el anciano me miró, y luego volvió la cabeza hacia mi futuro esposo: "Hoy hace 50 años, hice exactamente lo mismo", le dijo a Frank. "Nuestro deseo para ustedes en esta Navidad, es que sean tan felices como nosotros lo hemos sido."

Nos casamos esa primavera en Virginia, rodeados de nuestra familia y amigos queridos. Además de su regalo, una mujer trajo una carta de hacía dos años con una posdata que decía: "Acabo de hacer una cita con el hombre con quien me voy a casar."

ELLEN URBANI HILTEBRAND

"Si no sentimos nuestro vacío, no encontraremos la profundidad del amor que está a nuestra disposición."
—DEBORAH OLIVE

PARES Y DISPARES

Como mujer soltera de más de 30 años, no tenía ninguna predilección por las bodas. No, era más fuerte que eso, más bien, las *odiaba*. Podría sentarme en las bancas, observando cómo se iba llenando la iglesia como si fuera el arca de Noé, de dos en dos, mientras gemía en voz baja: "¿En dónde está *mi* otra jirafa?" Pero en esta boda en particular, lo único que la hacía soportable era el obvio amor que la pareja nupcial se tenía.

La novia y yo compartíamos el nombre, lo cual significó que mientras ella pronunciaba sus votos, yo lo hacía al mismo tiempo. Ya sabes, por si acaso nunca llegara yo a hacerlo, o bien, como práctica por si algún día sí llegara a casarme. Cuando concluyó la ceremonia, vi a un hombre guapo y sonriente sentado unas dos filas atrás, totalmente solo. No llevaba anillo en su mano izquierda. Hmmm . . . Sabía vagamente que trabajaba en la estación de radio con Doug, el novio. Decidida a saber más, me dirigí hacía él, pensando: "Bueno, por lo menos podré decirle, ¡hola!"

Y así lo hice, y él también. Una sonrisa agradable y un buen apretón de manos. Entonces me preguntó: "¿Qué es esa escultura al frente de la iglesia?" La escultura en cuestión era una interpretación libre de una cruz, lo cual no es nada raro en una iglesia. Pensé que quizás él no sabría lo que es una cruz. ¡Oye!, ¡a lo mejor ni siquiera sabes quién es Dios! Quizás debiera presentarlos a ambos. Y ahí me tienen, describiendo la cruz, el arrepentimiento, el bautismo, las Actas 2:38, la regeneración y todo lo que este tipo necesitaba saber.

Seguí y seguí, como sólo yo puedo hacerlo mientras que él sonreía y asentía, sonreía y asentía. ¡Oye, aquí sí que tengo uno bien vivo!, pensé. Entonces, disminuyendo la velocidad para tomar aliento, le dije: "Y bien, cuénteme algo de usted."

"Bueno . . .", dijo lentamente, "soy ministro."

Me quedé sin habla (lo cual es raro). "¿Un ministro?" Finalmente dije, al tiempo que se dibujaba una sonrisa en su cara: "¡No me diga!", dije tartamudeando. "¿Dije todo correctamente?"

"Lo dijo muy bien", me aseguró, y ambos nos echamos a reír.

Algo que Bill captó de mí inmediatamente, fue que yo me preocupaba más de su relación con Dios que de cualquier relación intensa conmigo. Y eso fue, exactamente, lo que le atrajo de mí. Eso, y mi nivel de autoaceptación. ¡Ah, y mi risa!

Allá nos quedamos de pie y hablamos hasta que la iglesia se quedó vacía. Me di cuenta que no tenía ni la menor idea de dónde se iba a realizar la recepción de la boda. Bill había guardado la dirección, así es que me dijo: "¿Por qué no me sigues?"

¡Con gusto!

En la fiesta, nos seguimos mirando al tiempo que platicábamos con otras personas para, finalmente, terminar en la misma mesa (imagínense). Más plática, más compartir, hasta que, finalmente, intercambiamos targetas y dije: "Llámame cuando quieras."

Llegó la hora de la espera. Cuatro o cinco días después (para no parecer tan impaciente, según me dijo después), Bill me llamó. Yo no estaba en casa, pero sí estaba mi contestadora. Todavía recuerdo que al regresar a casa la luz de la máquina estaba lanzando sus luces intermitentes. Para una soltera que no había tenido una cita en años, ¡una sola llamadita puede significar una noche estupenda!

El mensaje era corto y amable. Una cálida voz con acento de Kentucky dijo: "Me pregunto si querrás ir a cenar conmigo la próxima semana." Sí querré. "Liz, por favor, llámame", fueron sus últimas palabras. Sin querer parecer demasiado impaciente, al igual que él, esperé cuatro o cinco segundos antes de marcar su número.

Dos semanas después salimos por primera vez y la cita para casarnos tuvo lugar, exactamente, ocho meses después. (La única razón por la que esperamos tanto es que toma tiempo mandar hacer a la medida un vestido de novia talla 20.) Siempre estaremos agradecidos a Liz y a Doug por habernos invitado a su boda, sin siquiera imaginarnos que una boda puede conducir a otra.

LIZ CURTIS HIGGS

LA FOTO DE LA SUERTE

Mi papá estudiaba el segundo año de carrera en la *Texas A & I*, llevando 24 horas al semestre y trabajando en un lugar llamado Spudnut Shop para pagarse los estudios. Un *spudnut* es una dona, pero hecha con harina de papa.

Tenía que presentarse a trabajar a las tres de la mañana, a poner periódicos nuevos sobre el piso para que en ellos cayera la grasa y la harina. Ese otoño, papá se la pasó a gatas esparciendo las páginas del *Kingsville Record*. Una noche, sus ojos cansados se posaron en la foto de una joven que había sido nombrada la reina de belleza de la Oficina Agrícola local. Para él, era la cara de un ángel. Con cuidado, arrancó la foto del papel, la dobló y se la guardó en la billetera.

Pasaron seis meses. Un día de abril, un hermano de fraternidad le preguntó: "Oye, Darrell, ¿vas al baile de la gran Lantana?"

Se trataba del mayor evento social del año escolar, pero también era muy caro para un joven que se las veía negras cada vez que tenía que pagar la colegiatura.

"Pues", replicó Darrell, sacando la foto de su billetera, "iré si puedes conseguirme a esta chica como pareja."

"¿Epsie?, claro que sí. La conozco de toda la vida. Es un trato, amigo."

El día del baile llovía. Darrell, con sus prisas entre clases y trabajo, dejó caer su recorte de periódico y la foto de Epsie quedó arruinada. Se sintió triste, pero recordó que en sólo unas cuantas horas vería la chica detrás de esa sonrisa de carne y hueso.

La "cita a ciegas" (por lo menos así lo era para Epsie) resultó una historia de esas que sólo se escuchan en los cuentos de hadas. Bailaron toda la noche y Darrell pensó que Epsie era aún más bella que en la foto. Epsie continuaba en la escuela secundaria y, por lo tanto, tenía que estar de vuelta en casa para la medianoche. Después de acompañarla hasta el pórtico, Darrell la besó en la frente y le dijo que pronto la llamaría. En ese momento no se lo dijo, pero cuando Epsie le sonrió esa noche, pasó de ocupar un lugar en su billetera, a un lugar en su corazón.

Catorce meses después, cuando se comprometieron, los periódicos publicaron la misma foto que Darrell había arrancado un año antes, porque era su favorita.

Se casaron un viernes 13, en julio, pasando por alto las objeciones de que eran muy jóvenes, de que tenían religiones diferentes y que casarse en una fecha así traía mala suerte.

Más de 40 años después, la tienda Spudnut ya no existe, pero la unión de mis padres sigue sólida. Me gustaría decirles que me parezco a esa reina de belleza que fue mi madre. Sin embargo, la herencia de amor que he recibido es mucho más importante.

En mi familia celebramos todos los viernes 13, sin importar qué mes sea . . . y mi papá continúa portando un recorte amarillento de una chica con grandes hoyuelos y ojos de ángel. Papá dice que mamá es toda la suerte que él haya necesitado jamás.

LORRI VAUGHTER ALLEN

"Quien quiera que viva una vida auténtica, amará un verdadero amor."
—ELIZABETH BARRET BROWNING

LA CALLE DE LA MISERICORDIA

M iré la tan familiar escritura y la tinta comenzó a correrse como un río de lágrimas y nieve. La quietud me rodeaba, un silencio infinito en donde grandes y pesados copos de nieve continuaban cayendo del cielo neoyorquino invernal.

Me dolía el corazón de amor y añoranza, y recordé su primera carta, aquella en la que me daba detalles de su llegada a Nicaragua y de su naturaleza siempre optimista.

Mi queridísima. Siempre empezaban igual. *Mi queridísima. Te extraño terriblemente y espero que todo esté bien. Me han hecho sentir muy bienvenido. Mi "consultorio" consiste en una habitación de 1.80 por 2.40 metros, con una cama, una mesa de madera y dos sillas. Desafortunadamente, no hay carencia de pacientes, pero por esa misma razón estoy contento de haber venido. Aquí hay otro médico, Enrique. Es un hombre muy capaz y, lo que es más importante aún, ¡puede darle sentido a mi espantoso español! Le he contado todo acerca de ti. No veo las horas de volver a verte. Te envío mi amor y besos. Steven.*

Steven y yo nos conocimos en África del Sur, en donde yo estaba haciendo un documental sobre el *apartheid* y él, recién salido de sus prácticas como médico residente, era voluntario en un grupo llamado Médicos sin Fronteras. Desde el momento en que nos conocimos, me gustó. Era alto y delgado, irradiaba un espíritu tranquilo y sencillo. También me atraía su sonrisa, que surgía con facilidad y encendía sus ojos, casi siempre preocupados, aunque fuera sólo por un momento. Lo observaba en la clínica provisional que habían establecido en Soweto. Siempre se encontraba ahí, con una consistencia que emanaba directamente del corazón. Confiaba y creía en la gente pero, sobre todo, tenía esperanza para ella.

Era un martes cuando me preguntó si podía acompañarme a una zona donde finalmente me habían dado permiso de filmar. Estuve de acuerdo, y el compartir las siguientes 24 horas arriba de un camión abierto que daba saltos a lo largo de todo el agreste terreno, selló nuestra amistad. Con frecuencia he pensado acerca de nuestro primer encuentro y he llegado a creer que existen algunas personas en este mundo con las que tenemos una conexión tácita que va más allá de toda explicación.

Continuamos escribiéndonos cuando él regresó a Nueva York y yo partí para América del Sur con el fin de reunir historias acerca de los *desaparecidos*. Llegó el momento en que esperaba sus cartas con una ansiedad gótica; cartas que eran largas e íntimas, como si fueran una conversación oral. A través de nuestras palabras llegamos a conocernos y, sospecho, que a saber más de nosotros mismos. Cuando finalmente, regresé a Nueva York, lo primero que hice fue visitar a Steven en el hospital donde trabajaba.

Nunca olvidaré la cara que puso cuando uno de sus colegas le dio unos golpecitos en el hombro y al voltear, me vio allí parada. Ojalá pudiera capturar y embotellar ese momento como si fuera un perfume. Vino derecho a mí y, sin decir una palabra, me rodeó con sus brazos y me dio el beso más largo y dulce de mi vida. Aunque nunca había puesto en duda la sinceridad de sus cartas, con ese beso supe que éramos el uno para el otro.

Fuimos a cenar a un pequeño café que ofrecía comida casera y que era frecuentado por estudiantes que echaban de menos los platillos de mamá. Esa noche sentí una felicidad abrumadora, la que se siente cuando se está en compañía de buenos amigos.

Creo que una de las cosas que más me gustaban de Steven era que prefería platicar a ver televisión. Me decía que estaríamos bien juntos porque los médicos pueden sanar el cuerpo, pero los artistas sanan el alma. Jamás había pensado en mí como una artista, sino sólo como una persona a la que le gustaba hacer películas, de la misma manera que a él le gustaba ser doctor.

Alquilamos un departamento en Mercy Street (calle Misericordia). A él le gustó el nombre y pensó que era un buen presagio para nuestro futuro, creyendo que yo debería ser de naturaleza indulgente para aceptar su horario de trabajo y él, por otro lado, ser de la misma forma para aceptar "mi temperamento artístico", aunque jamás se quejó cuando yo estaba melancólica "en un lugar a miles de kilómetros, a donde no puedo ir". Antes de nuestra segunda Navidad juntos, tomó la decisión de ir a trabajar a un remoto pueblo de Nicaragua.

Caminábamos por los pasillos del hospital, pintados de verde y decorados con guirnaldas navideñas y dibujos hechos por los niños.

Le pregunté por qué deseaba irse.

"Por el dinero", me dijo con sarcasmo.

"Claro", dije. Para este trabajo le pagarían 16 dólares al mes. "Creí que eras feliz aquí."

"Cuando me vaya, habrá alguien que tome mi lugar. Además, siempre dijiste que si se puede ayudar, se debe hacerlo. ¿Recuerdas?"

Con esto, no tuve más que alegar, y recordé que él jamás había objetado a que yo saliera corriendo a trabajar en uno de mis proyectos, a pesar de que eso le preocupaba. Así pues, simplemente añadí: "¿Cuándo te vas?"

"En febrero."

"Bueno", dije, "supongo que es mejor que comencemos con tus clases de español."

"Kiss me", dijo.

"Bésame", le corregí, y lo besé.

De esa manera reanudamos nuestra correspondencia.

Mi queridísima. Finalmente he dado una impresión favorable ante todos, aunque no por mi capacidad médica, sino por haber reparado un generador con la ayuda de otro "médico"—así es como nos llaman—. Hubo una gran celebración cuando varias de las casas se iluminaron. La gente aquí es muy amable, casi tímida, y es difícil de comprender cómo es que existe alguien que quiera dañarlos. En tu próxima carta espero que me des todos los detalles de tu visita. Con todo mi amor, Steven.

Viajé a Nicaragua ocho meses después, cuando recibí una carta de Enrique en la que me decía que habían asaltado el pueblo y que mucha gente había muerto, incluyendo a Steven. Le dispararon cuando se encontraba a campo abierto asistiendo a un niño herido.

De pie en el silencio de la nieve, lentamente abrí la carta que Steven había dejado para mí, "por si acaso".

Mi queridísima, porque siempre serás mi queridísima. De mi vida puedo decir que estoy descansando a lado de la gente que vine a ayudar y a querer. Un lugar en donde sólo esperaba encontrar penas, me dio amistad y alegría. Sigue caminando, mi amor. Ahora sé que siempre estoy contigo. Steven.

Había incluido una fotografía en blanco y negro de él y Enrique, de pie, frente a su consultorio. Se veía un poco más delgado pero de una manera enjuta y fuerte; su pelo había crecido y lo traía peinado hacia atrás. Parecía satisfecho y realizado.

Volteé la foto y leí lo que había escrito. *Homo sum. Humani nihil a me alienum puto:* "Soy un hombre. No cuento nada humano de indiferencia hacia mí." Me senté en una banca de piedra húmeda y lloré.

Algunas veces, cuando camino en Nueva York por una vereda que era familiar para ambos, algo se enciende en mi memoria acerca de él, y es tan vívido y tan intenso que me deja sin aliento.

Acostumbraba pensar que quizás no era bueno amar tanto a una persona. Que la idea de perderla sería demasiado fuerte para soportarlo. Ahora opino lo contrario.

Una amiga me dijo: "Fue un héroe", y sonreí en mi interior, pensando en lo que él hubiera opinado al respecto. No era un héroe. Steven fue un hombre común y corriente con ideas extraordinarias. De él heredé fortaleza y valentía. Yo conocía la fragilidad del alma humana, pero él me enseñó que el milagro del espíritu humano, es dar.

HOLLY FITZHARDINGE

"Sea lo que fuere que hagas para encontrar una relación,
debes continuar haciéndolo para mantenerla."
—SUSAN BRADLEY

EL AMOR
NO ESTÁ HECHO PARA
UN DÉBIL CORAZÓN

Un paseo en una bella noche de septiembre no debería de significar un fin. La luna se encontraba llena y las hojas crujían bajo nuestros pies. El aire era claro y cortante. Al
igual que nosotros, el gato de un vecino daba su paseo nocturno,
y la señora Myrtle nos había saludado con la mano cuando
sacaba su basura.

Ahora, sola en casa, di vueltas por mi departamento, recordando los lugares que alguna vez tuvieron estas cosas: el recipiente en la tina del baño en el que antes había dos cepillos de
dientes, ahora tenía uno solo. Ya no estaba la espuma de afeitar
ni la rasuradora. El helado de chocolate, que era su favorito,
seguía en el refrigerador. La cama estaba hecha al estilo militar y
con esquinas de hospital. El orden en cada habitación era ejemplo de su esfuerzo.

Abrí el armario, sabiendo que nada se me había escapado
cuando lo ayudé a empacar. Busqué en el piso por una corbata
caída o una zapatilla perdida. Cómo deseé no haber sido tan mi-
nuciosa. Miré las secciones vacías del clóset, echando de menos

sus camisas recién planchadas y miré al piso, buscando sus zapatos. Las lágrimas nublaban mi vista y me pregunté si este dolor cesaría algún día. Pasé la noche entera recordando, todo se repitió continuamente en mi cabeza.

"No sé qué hacer", dijo él con lágrimas en los ojos. El dolor se reflejaba en cada movimiento y cada palabra.

"Te amo lo suficiente para dejarte ir", le dije. El corazón me dolía al pensar que lo perdería. Habíamos trabajado tan duro para mantenernos el uno al otro. Pero nuestras familias no comprendían nuestra cercanía; por el contrario, estaban muy afectados por los 16 años de diferencia que existían entre nosotros.

"No puedo hacerlo. No puedo dejarte. Tenemos tantos sueños juntos", me respondió.

Y recordé algunos de ellos, incluyendo comprar una casa y terminar mi educación. Muchas noches las habíamos pasado discutiendo nuestros planes hasta la madrugada y compartíamos un amor que cada vez era más profundo, así como una creciente espiritualidad. Pensé en nuestro perro y en nuestro gato, quienes habían perdido al amigo que se preocupaba por ellos.

Nos abrazamos, sabiendo que habíamos luchado por tanto tiempo y que todo había terminado. Los sueños quedaron así, sólo sueños. Las lágrimas empapaban nuestras caras y nuestra ropa. Me estremecí sollozos. No quería llorar y no quería que esta decisión fuera más difícil para él. Lo quería demasiado como para causarle algún dolor.

"Te ayudaré a empacar. Vamos, si vamos a hacer esto, hemos de hacerlo ahora o no seré capaz de dejarte ir."

Me levanté del sofá y comencé a reunir su cepillo de dientes, peine y secador del baño, así como camisas, pantalones y corbatas del clóset. Sudaderas, bata de baño, y otro tipo de prendas de la recámara. A medida que empacaba estas cosas, me limpiaba las lágrimas del rostro. Él, totalmente mudo, simplemente estaba ahí estático. Tuve que obligarlo a que se fuera pues era lo mejor para él, lo mejor para ambos. Nunca hubiera querido que sintiera que yo lo mantenía junto a mí. Si se quedaba, no podía permitir que se arrepintiera de esa decisión.

Le ayudé a poner todo en el auto. Cerramos la puerta, que fue como el punto final para ese día.

Nos tomamos de la mano y nos alejamos del auto. Hablamos suavemente. Era muy tarde y no podía recordar las palabras que dijo; sólo venía a mi mente su pulgar acariciando mi mano. Mientras caminábamos, mis ojos se nublaron. Quería acurrucarme contra él, pero eso sólo haría más difícil la situación. Finalmente, casi por accidente, llegamos nuevamente al carro.

Nos abrazamos y permanecimos así desesperadamente.

"Lo siento tanto", dijo atragantándose.

"Lo sé."

Se metió al auto y se alejó. Me quedé en el vestíbulo, viendo cómo desaparecían las luces, y allí me quedé por largo rato. Me hundí en las escaleras y deseé que regresara e hiciera que todo estuviera bien. Recé para que volviera a casa. Lo necesitaba.

Había hecho lo correcto, pero el dolor que sentía era enorme. Lloré y lloré hasta que mi corazón palpitó violentamente y mis ojos ardieron.

En los días siguientes, cuando sonaba el teléfono o el timbre, yo saltaba. Estaba tan perdida que añoraba sus brazos. Lloraba constantemente y creía verlo por todas partes. Me tomé dos días y me quedé en cama. Me terminé el helado de chocolate mientras veía una estúpida película que sólo me hizo llorar más.

Pasé horas en la bañera, dejando que el agua se enfriara para luego volverla a llenar. Algunas veces no me daba cuenta de que se había enfriado hasta que empezaba a sentir escalofríos.

Caminaba por el sendero que habíamos usado todos los días y a nadie le hablé acerca de mi dolor. Era mi propio dolor. Era todo lo que me quedaba de él, y no quería compartirlo.

Ya tarde, un lunes por la noche, sonó el timbre. Después de dos semanas, todavía brincaba al sonido del teléfono o cuando alguien me visitaba, sin saber, pero siempre esperando, que fuera él. Me puse mi vieja bata de franela y bajé, encendiendo las luces en el camino. Abrí un poco la puerta y miré. En el pórtico estaba mi amor.

Me quedé parada por largo tiempo; luego, abrí la puerta de un empujón y envolví fuertemente mis brazos a su alrededor. Lloré lloró.

"No pude hacerlo", dijo.

"Yo tampoco", dije llorando y riendo al mismo tiempo.

CHASSIDY A. F. PERSONS

ENCUENTRO MATRIMONIAL

Mi hermana Bonnie estaba extática por el nuevo hombre en su vida, convencida de que ése era el de su destino. Ernie era algo guapo, fácil de congeniar, cariñoso y sensible. También la hacía reír. Y aun antes de que la besara por primera vez, le dijo que él era el tipo de muchacho que salía con una mujer a la vez. En su cuarta cita, le dijo a Bonnie que se casaría con ella.

Así pues, cuando pasó el tiempo sin que él le propusiera matrimonio, Bonnie comenzó a presionarlo para que aceptara la idea de un compromiso más formal. Sin embargo, al pasar el segundo San Valentín juntos sin que nada significativo ocurriera, ella decidió que ya era hora de tomar en serio su decisión. Manejó hasta la casa de él ensayando, todo el camino, lo que pensaba decirle. Sabía que tenía que decírselo en un momento que pudiera captar su total atención, es decir, antes de que comenzara el juego de los Bull, durante un corte comercial o a mitad del encuentro. "Breve pero al grano", se repitió nuevamente.

Cuando entró al departamento, Bonnie le dijo sin rodeos: "¡Ernie Krause, tenemos que hablar!" Para su sorpresa, él se dejó caer inmediatamente en el diván, su trono de soltero, y antes de que ella pudiera decir otra palabra de las que había ensayado, le dijo: "Querida, antes de que comiences, ¿me pasarías una de esas mentas que están en el refrigerador, ya que estás de pie y cerca?"

En voz alta, Bonnie comenzó a preguntarse hasta dónde llegaría este hombre en su audacia. Él, por su lado, se rió con esa risa seca cuando ella partió en estampida hacia la cocina como una niña obediente, aunque enojada. Sabía que el tono de voz que había empleado daba idea de la urgencia que tenía de discutir sus sentimientos con él. Entonces, ¿cómo es que terminó haciendo el papel de un perro perdiguero, yendo a buscar con lealtad las mentas para su rey solterón?

No se trataba de mentas baratas y ordinarias, sino de la marca Marshall Field que eran sus favoritas y que ella le había regalado unos días antes, en San Valentín. El mismo día de San Valentín cuando él llegó 45 minutos tarde a la cita; el mismo día que él le dio una insulsa tarjeta. ¡Y ahora esto!

Bonnie recordó la insípida explicación que le había dado por llegar tarde. Algo relacionado con un asunto que tenía que atender y que no podía posponer. Ella se preguntó qué podía ser más importante que ser puntual para la cita del día de San Valentín con la chica que él había afirmado, era su amor durante el último año y medio.

Cuando llegó al refrigerador, el enojo ya se había apoderado de ella. Abrió la puerta con tanta cólera que los condimentos se vinieron al suelo. Pensó en dejarlos ahí pero, pensándolo bien, se dijo a sí misma: "Está bien, uno de nosotros tiene que ser el adulto en esta relación", así es que reacomodó los pomos en las repisas de la puerta y luego encontró las mentas en la repisa superior de este refrigerador casi vacío. Sacó la tapa de la caja y ahí encontró un mensaje que decía, simplemente: *Bonnie, ¿te casarías conmigo?* Bajo estas palabras había, sin embargo, otra sorpresa: en el centro de un corazón rojo, él había amarrado cuidadosamente el anillo de compromiso más precioso que jamás había visto. Repentinamente, su rabia se convirtió en felicidad y ¡sus lágrimas inundaron el piso de la cocina!

CHRISTINE D. MAREK

IV
MÁXIMA EXPOSICIÓN

"En ocasiones, todo lo que tenemos que hacer en la vida es aparecer, estar presente, y permitir que la magia se revele."

—YITTA HALBERSTAM Y JUDITH LEVENTHAL

"Como soñador, se reirán de ti . . . ¡agradécelo!"
—AUTOR DESCONOCIDO

EL DERBY DE LA CAJA DE JABÓN

Era el año de 1972, el año de Watergate, de la candidatura presidencial de Shirley Chisholm y de las canciones favoritas *Soy una mujer* y *Un soldado de hojalata*. Fue también, el primer año en que se permitió a las chicas competir en el Derby de la Caja de Jabón Fargo.

Eso fue una suerte. Mi familia pasaba por la angustia de la fiebre de las carreras. Mi hermano había ganado el derby local el verano anterior y los ganadores no podían competir nuevamente.

Así pues, les anuncié: "¡Oigan, es mi turno, yo puedo hacerlo!"

Y papá dijo: "Por supuesto que puedes."

¿Era yo una mujer liberada, o era una marimacho?

No. Yo tenía 13 años y ninguna necesidad de que me etiquetaran. Había aprendido a bordar y a manejar una motocicleta con el mismo cuidado. Mi familia no acostumbraba a encasillar de esa manera.

Pero ese verano iba a aprender todo acerca del mundo que me rodeaba.

El primer indicio era el hecho de que ninguna de mis amigas se pasara la tarde en el sótano, examinando la resistencia y los lubricantes para ruedas. El fabricar mi auto me tomó todas las tardes y fines de semana de un año, tiempo en el que me perdí programas de televisión y echar relajo como adolescente. Un año de tener astillas de fibra de vidrio en los brazos y polvo de madera en la boca.

Pero también había algo más en mi boca: el sabor de la victoria.

Y desde luego que yo ganaría, ¿no lo había hecho mi hermano? ¿No era mi padre el mejor diseñador de carros de todos los tiempos, el mejor maestro en el oficio? ¿No era mi madre el mejor apoyo, lavando los platos por mí cada noche para que yo pudiera bajar al sótano con papá?

Claro, que no siempre deseaba bajar. Todavía puedo ver la cara de papá, firme en sus respuestas a mis quejas de adolescente. Pero la regla principal del Derby de la Caja de Jabón es que el auto del competidor debe de ser fabricado por sus propias manos, en su totalidad.

A comienzos del verano, mi auto salió de la penumbra del sótano a la brillante luz del patio trasero. ¡Y qué carro era! Todo lustroso y aerodinámico, todo negro, brillante, con mi nombre en letras rojas. Me sabía de memoria cada uno de sus centímetros; él y yo cruzaríamos la meta juntos.

Julio 8: ¡Día de la carrera! Hubo un desfile con gente famosa y toda la alharaca, pero yo me encontraba en una burbuja de tranquila certidumbre, aun ante el hecho de que había otros 70 desafiantes competidores, ¡cinco de los cuales eran chicas!

Comenzó la emoción. Mi auto era veloz y manejé en línea recta. Iba ganando cada carrera.

Entonces, comenzaron los problemas.

Y siempre hay un picapleitos. Uno de los competidores comenzó a provocarme, acomodándose prominentemente cerca de la reja de partida, gritando: "¡Tramposa, tú no hiciste ese auto!"

Lo ignoré durante una carrera, pero después de otras muchas comenzó a irritarme. ¿Por qué hacía esto?, ¿qué le había hecho yo?

El campo se angostaba y a cada vuelta se iban eliminando competidores. Eché una carrera contra ese muchacho fastidioso y gané, lo cual me hizo sentir bien. Pensé que ese sería el fin de mis problemas, pues jamás me habría imaginado que sólo era el precursor, el anunciador del clamor y vociferío que se avecinaba.

¡Ah, pero la meta pasó como un rayo bajo mis ruedas y yo sabía que había ganado, como lo había sabido siempre! Salí gateando del auto y en cuestión de segundos aparecieron y desaparecieron ante mí, imágenes locas como las de un sueño frenético: autoridades de la competencia que me asían de un lado, la cámara de la televisión enfocándome, una mujer hablando eufórica en el micrófono.

Y por encima de todo, la jubilosa cara de papá. "¡Lo lograste!, ¡lo lograste, Marci!"

Pero el frenesí de la victoria pronto se tornó en una furiosa controversia. Todavía puedo ver las caras apopléticas de varios padres de hijos perdedores. Volaron las acusaciones, terribles y sin miramientos, al tiempo que intentaban impedirme (a la chica), que diera el siguiente paso, es decir, la carrera internacional en Akron, Ohio.

"¡Ella no fabricó ese auto!"

"Claro que no, su padre es un arquitecto", escupiendo esta última palabra como si fuera una obscenidad.

"Una tramposa no debería de representar a nuestra ciudad en la carrera internacional."

Los medios se enteraron de la reyerta, así es que me vi en la televisión, me entrevistaron los periódicos y los programas de participantes en la radio se vieron invadidos por llamadas que se expresaban en pro o en contra.

Pasado un tiempo de reflexión encontré la respuesta. Sabía que no había hecho trampa. Sabía que eran malos perdedores. Sabía que así habría sido aunque hubiera sido un muchacho el ganador, pero estaba bien claro que el hecho de que yo fuera mujer aumentaba su enojo.

Al principio pensé en la importancia de ser mujer en un mundo de hombres. Después recapacité, y pensé que lo principal era que yo había ganado.

Así pues, asistí a la competencia internacional porque ése era mi lugar con los otros 260 competidores de todo el mundo que habían fabricado autos, habían participado en carreras y habían ganado.

MARCI MADSEN FULLER

EL AUTOBÚS DEL MILAGRO

*E*ra una helada noche de diciembre. *Exhausta por un intenso día de trabajo y el frenesí de la temporada, me encontraba en la parada de autobús de costumbre, en la esquina de Broadway y la Calle Nueve en Greenwich Village. Como no había descansado ni un segundo y estaba estresada al máximo, el nivel de azúcar en mi sangre estaba bajando rápidamente. Acurrucándome tras las anónimas vitrinas de Woolworth y agradeciendo el cobijo del cortante viento que me daba su marquesina, me pregunté por que pasaban todos los autobuses excepto el mío.

Ansiaba llegar a casa, enroscarme bajo mi frazada, tranquilizarme y vegetar, pero iba en camino a ver a un nuevo impresor que se había atrasado en su trabajo, justo antes de mi exhibición de fotografías. Todo esto tenía en la mente, cuando mi autobús, el M6, finalmente llegó.

"¿Va derecho por Broadway abajo de Canal?", pregunté. La noche anterior, el autobús, sin una ruta fija, había decidido dar la vuelta. ¡Bien por la consistencia del transporte masivo en Manhattan!

El chofer, un hombre de color de gran tamaño, me sonrió como para tranquilizarme.

Puesta la moneda en la ranura, caí pesadamente en el primer asiento individual. Diseñado para un solo pasajero, es el favorito de los neoyorquinos solitarios. Del otro lado del pasillo había dos hombres sentados juntos, los únicos pasajeros del autobús aparte de mí. El primero, un afroamericano alto y desgarbado con un gran libro en la mano, *La Nueva Biblia,* me saludó con un caluroso: "¡Buenas noches!" El otro, un moreno y bigotudo latino, me guiñó un ojo en señal de bienvenida.

¡Me reí tontamente!

Luego, sin hacer una pausa, tanto los hombres como el chofer, comenzaron a cantar alegremente una tonada religiosa, al tiempo que marcaban el ritmo con los pies.

"¿Cantan juntos en un coro?", me las arreglé para preguntarles.

"¡Oh, no, acabamos de conocernos!"

Pronto, las canciones de alabanza al Señor, cantos de los ángeles y *El mundo del bien está por venir* retumbaban por todo el autobús. En cuanto a mí, empecé a dar pataditas en el piso, a balancearme al ritmo y a tararear con ellos.

Milagrosamente, el autobús nunca se detuvo para recoger a otros pasajeros y yo fui la agradecida receptora de este concierto privado espontáneo.

Me sentía invadida de tal felicidad, que se me olvidó mi parada y tuve que caminar varias cuadras de regreso. Pero cuando bajé, sonriente, me sentía relajada, en paz y lista para abrazar al mundo.

"¡Gracias, gracias, gracias!", les grité cuando bajé.

Sólo imaginen. Si todos los autobuses de Nueva York estuvieran repletos de canciones, ¡qué lugar tan diferente sería!

JILL LYNNE

EL PODER DEL AMOR

Cuando cumplí los 24 me sentía dueña del mundo. Tenía un estupendo empleo con grandes oportunidades de mejorar, buenos amigos y mi familia en las cercanías y, además, un departamento nuevo que podía costear a casi tres kilómetros de la playa en Fort Lauderdale. Me encontraba perfectamente contenta con mi vida en ese momento.

Siempre he sido una criatura rutinaria. Cuando tenía veintitantos años sabía que tenía que trabajar gradualmente para obtener mi doctorado y enfocarme en mi carrera. El matrimonio y una familia no eran parte, de ninguna manera, de mi gran diseño. Siempre deseando controlar todo, incluyendo mis emociones, jamás me tracé un mapa del innegable poder del amor.

Al siguiente fin de semana de mi vigésimo cuarto aniversario, salí con mi amiga Mara. Insistió en llevarme al club de moda en Boca Ratón, llamado, muy apropiadamente, El Paraíso. Cualquiera que sea soltero y viva en la zona de Florida del Sur puede decir que está harto de ver la escena de los clubes, una vez que pasamos los 24 años. Estaba cansada de flirtear con los turistas que llegaban sólo para "ligarse" a una chica de Florida, y en mi libro no había lugar para las relaciones íntimas de una sola noche. Así pues, realmente no quería ir a un club, pero después de tanta insistencia por parte de Mara, finalmente fui.

Recuerdo estar ahí con mi amiga, con los brazos cruzados y con una expresión de burla en mi cara que habría intimidado a casi cualquier persona y, sin embargo, ahí venía Andrew, caminando hacia mí. ¡Hasta la fecha me pregunto qué había en mí, que remotamente pudiera reflejar una actitud de bienvenida!

Sin embargo, se presentó y bailamos y platicamos toda la noche. Él era todo lo que yo no buscaba: un turista de Nueva York que estaba en Florida visitando a su abuela. Sentí que estaba perdiendo mi tiempo al conversar con este tipo pero quizás fue la forma en que me miró o la forma en que se reía. Sea lo quo fuere, algo estaba comenzando a ocurrir. Jamás le había dado mi número telefónico a un hombre en un bar, pero esa noche hice una excepción.

Andrew me plantó un rápido beso mientras el valet parking traía nuestros autos frente al club. Pensé que jamás volvería a saber de él pero comenzó llamándome a las ocho, a la mañana siguiente. Durante el día, me invitó a la playa y finalmente, a cenar con toda su familia. Rechacé la invitación, pues no podía imaginarme cómo me iba a presentar: "Mamá, ella es Michelle. La saqué de un bar, anoche. . . ." Sin embargo, acordamos vernos nuevamente, los dos solos. No podía creer que acababa de dar, a un total desconocido, mi dirección e instrucciones de cómo llegar a mi departamento. Todos esos seminarios y talleres a los que había asistido en la universidad, acerca de cómo protegerse de situaciones peligrosas, y ahí me tenían, casi como si me anunciara con luces neón, invitando al peligro a mi hogar.

Me quedé sin aliento cuando vi a Andrew ante mi puerta en traje (¡tengo cierta debilidad por los trajes!). Tenía unos chispeantes ojos azules y una sonrisa amable y generosa.

En el restaurante cerca al mar, nos reímos del hecho de habernos conocido en El Paraíso, y más nos reímos porque durante diez años había yo sido, una estricta vegetariana y él estaba en el negocio de venta de carne al por mayor. ¡Qué pareja! Parecía que no había tema que no pudiéramos discutir y sentimos que nos conocíamos de toda la vida. Para mí, lo que me dejó sin argumentos, fue cuando me pidió permiso para darme un beso de buenas noches. Recuerdo que dije algo así como: "¿Por qué tardaste tanto?", y al besarme sentí debilidad en las rodillas y fuertes latidos en mi corazón. Él era diferente de una manera inexplicable, pero maravillosa.

Salimos todas las tardes mientras estuvo en Florida, y me llamó la noche que llegó a su casa, en Nueva York. Después de telefonearme todos los días durante varias semanas, fui a Nueva York a visitarlo, pues quería averiguar si realmente había algo más que la atracción inicial entre los dos. Estaba tan nervioso cuando me fue a buscar al aeropuerto, que nos perdimos un montón de veces camino a su departamento. Al terminar ese fin de semana, cuando por teléfono confirmaba a mamá mi vuelo de regreso, Andrew me preguntó: "¿Sabe tu madre que amo a su hija?" No le pedí que lo repitiera hasta dos semanas después, cuando regresé para asistir a una boda con él.

Durante seis meses sobrevivimos vuelos sin fin, enormes cuentas telefónicas y frustraciones por la soledad y los amigos que no nos comprendían. Sobrellevamos la varicela (¡él me contagió, de manera que tuvimos que soportarla estando a seis mil 600 kilómetros de distancia!) y las dudas, pero mientras tanto, un poderoso amor estaba floreciendo entre nosotros, a pesar de la distancia.

De alguna manera y en retrospectiva, tuve que haber estado tan inmensamente enamorada que el pensamiento racional ya no formaba parte de mi estado mental. ¿Dónde tenía la cabeza, cuando renuncié a mi estupendo empleo, rechacé las oportunidades de hacer estudios superiores, dejé a mis amigos, mi familia, mi vida segura, y me mudé a Nueva York para vivir con un hombre al cual había visto solamente unos cuantos días al mes durante menos de un año? Y así, con todo el sentido racional echado a un lado, empaqué y me fui. Sin amigos ni empleo. Sólo con amor en mi corazón. En retrospectiva ¡estábamos chiflados!

Poco después de haberme instalado en mi nuevo hogar neoyorquino, y cuando pasábamos sobre el puente George Washington, Andrew me dijo: "Michelle, ¿te casarías conmigo, por favor?"

Quiero pasar el resto de mi vida con mi mejor amiga. Te amo." Con lágrimas en los ojos dije "sí", más de cien veces.

Nuestra luna de miel jamás terminó. Hemos construido una vida juntos, comprado una casa, procreado un hijo con otro en camino. Siempre hablamos de nuestro futuro. Hemos descubierto que, aunque tenemos muchas cosas en común, hay muchas otras ante las cuales somos distintos, pero son estas diferencias, precisamente, las que nos hacen enamorarnos nuevamente, día tras día.

Ahora tengo 30 años y al mirar atrás (y adelante), puedo decir, sin lugar a dudas, que el amor es algo muy poderoso. Une a personas diferentes y las ayuda a descubrir cualidades dentro de sí y en otros que jamás creíamos tener. ¡Y pensar que yo esperaba tener un plan para toda mi vida! Pensar que creía que no existían cosas tales como las almas gemelas y el amor profundo y apasionado. ¿Cómo fue que, siendo tan joven, llegué a tener ideas tan fijas y a determinar que viviría mi vida según un código autoimpuesto que no dejaba espacio para el azar, la magia y el impredecible poder del amor?

Qué suerte al haber tenido la oportunidad de hacer lo que me diga la razón o el corazón. Gracias a Dios que me dirigí a una autoridad superior y entré a El Paraíso, una noche y por un rato. Ruego a Dios que nunca tenga que salir de él.

MICHELLE COHEN

¡LAS VIRTUDES
DEL SEÑOR MALO!

*P*ara la mayoría de nosotras, las mujeres, existe la regla sobreen-
tendida de que una de las misiones de nuestra vida es encontrar y capturar a nuestro "caballero andante de la
lustrosa armadura", ser diligentes y deliberadas en esta tarea y,
una vez alcanzado el éxito, comprar una casa con una reja de
madera blanca, tener una familia y, desde luego, "vivir felices por
siempre", según el ideal estadounidense.

En mi eterna búsqueda para encontrar al Señor Bueno, tardé
años de pruebas y equivocaciones para llegar a descubrir que
también hay mucho que decir acerca del Señor Malo.

Por si acaso, el Señor Malo no es alguien que ya tenga pareja,
en ese caso sería el Señor Estúpido.

El Señor Malo no es un hombre que sea abusivo, física o emocionalmente, con las mujeres, para probar su hombría, pues ése
sería el Señor Lárgate de Mi Casa.

El Señor Malo no es alguien que esté tras los barrotes de una
prisión o viviendo con ese estilo de vida que podría indicar que
algún día sí lo estará, pues ése sería el Señor Mejor Apártate de Él.

Pero no todos los Señores Malos están equivocados o hacen
mal. En la búsqueda por la pareja para toda la vida, no pases por
alto a los hombres que pueden darte apoyo moral, tiempo de cali-
dad, diversión y risas, así como experiencias de vida invaluables. A
hombres como ésos los llamo Señor Perfecto para este Momento.

Uno de mis Señores Malos era guapo, medía 1.90, inteligente,
afectuoso, articulado, humorista y emocionante. Nos conocimos

en el trabajo y saltaba a la vista que no era buen material para casarse. Yo lo sabía. Fue clasificado como Señor Malo para fines matrimoniales porque éramos opuestos en extremo y estábamos en etapas diferentes en la vida. Yo soy tímida, seria y ambiciosa por naturaleza. Él es de esas personas que se dan a la gente, espontáneo, que se echa las cosas a la espalda y que no toma en serio casi nada. Yo soy católica y él no tiene religión. A mí me gusta Barry Manilow y Johnny Mathis, y a él le gusta el rap y la disco. No hay que dejar de mencionar la diferencia de edades. Pero cuando nos juntamos, él se convirtió en el Señor Perfecto para este Momento, y no pudimos pasarla mejor. Me enseñó a vivir aquí y ahora, a planificar menos, a experimentar más y a encontrar algo de qué reírse cada día. Yo le enseñé la importancia de ser honesto y compasivo, y la belleza de los placeres simples, como puede ser una tranquila noche en casa.

Hace años no habría perdido mi tiempo con un hombre tan diferente a mí. En ese entonces, me encontraba en una misión, consumida con una lista mental de lo que diría o haría el Señor Bueno, para clasificarlo como "el apropiado". Cada candidato potencial era sujeto a escrutinio de acuerdo con estos estándares, y aquellos que fallaban la primera prueba eran rechazados al comienzo del juego. Pero eso fue ayer.

Ahora sé que si somos alumnos receptivos, la vida nos enseña lecciones muy valiosas cuando se trata de asuntos del corazón. De naturaleza romántica incurable, ya no estoy en busca del Señor Bueno, ¡aunque no he perdido la esperanza de que exista y de que algún día venga a buscarme! Hasta ese día, he descubierto la alegría temporal y siempre dulce que surge al experimentar algunos viajes de la vida junto al Señor Malo.

JENNIFER BROWN BANKS

> *"Imagínate el mejor día de tu vida. Ahora,*
> *imagínate vivir así los 365 días del año."*
> —AUTOR DESCONOCIDO

LA EXCELENTE AVENTURA DE GINNY

Durante 42 años Ginny había sido una esposa leal cuando su marido, Norman, murió de cáncer. Dos años lo cuidó en su enfermedad. Norman trabajaba para los ferrocarriles, de manera que lo último que quería hacer cuando no trabajaba, era viajar. Por el contrario, Ginny tenía una pasión insatisfecha por salir. En una ocasión fueron a Florida, pero en cuanto llegaron, Norman quiso regresar. Según Ginny lo contaba, apenas si tuvo tiempo de ir al baño.

Cuando él murió, al no haber ya nadie a quien cuidar en casa, Ginny declaró: "Me largo de viaje." Y eso fue lo que hizo. Usando su dinero de jubilada, se fue a las islas Galápagos, a África, China, América del Sur, Inglaterra, Australia y Nueva Zelanda. "No está mal para una vieja que apenas había salido de San Luis", acostumbraba decir.

Cuando su hijo la invitó a que fuera con él, su esposa e hijos a un viaje por balsa de ocho días por el Gran Cañón, su respuesta fue predecible: "¡Claro que sí!", sin importarle que jamás se había subido en una balsa y que no sabía nadar.

Fue precisamente en ese viaje que conocí a Ginny: una mujer vivaracha de 70 años que se agarraba de las cuerdas hasta que se veían blancos los nudillos de sus manos y que reía todo el camino ante la pura felicidad del vivir.

El Cañón es un lugar espiritual y durante ocho días la única canción que pude recordar fue *Asombrosa gracia*. A Ginny no le importaba y me pedía que la cantara, una y otra vez. Una vez en casa, por correo me envió la letra del primero al sexto verso: "para variar", decía.

Dos años después, sintió dolor de estómago y pensó que se debía a haber comido demasiado durante tanto viaje. Cuando logró ver a un médico, entre un viaje y otro, éste le dijo que no valía la pena operar. Le quedaban seis meses de vida.

"Mamá, ¿qué quieres hacer con el tiempo que te queda?", le preguntó su hijo. "Tonto, pues viajar mientras pueda, y quiero ir a París."

Para el día de Acción de Gracias, vinieron a visitarnos a Carolina del Norte, y todos bailamos la *Macarena* en la sala. Fueron a una playa de Texas buscando el calorcito, pero nunca pudieron llegar a París. Ginny sabía que se acercaba el fin y quiso regresar a su hogar en San Luis, a la casa que ella y Norman habían compartido.

Camino a Chicago, donde daría una conferencia, tuve la premonición de que debía parar en San Luis para visitarla. Llamé a su hijo para preguntarle si podía ir al día siguiente, pero su respuesta me heló la sangre: "Más vale que te des prisa. Mamá acaba de decir que ha escogido mañana para morir." Ese día siguiente era el 15 de abril, y a Ginny le gustaba la idea de "irse" el día en que se vence el plazo para el pago de impuestos.

Para el viaje me puse mis aretes de ángel: dos aros de oro con ángeles sentados dentro que se columpiaban sobre mis hombros. Para esta ocasión quería tener conmigo a todos los ángeles que pudiera juntar.

Durante el vuelo, me di cuenta que uno de los ángeles de mis aretes se había perdido. Tanto las aeromozas como yo, prácticamente deshicimos el avión buscándolo, pero, simplemente, desapareció. Cuando me quité el arete que me quedaba, no pude comprender por qué estaba pasando esto. Aun cuando fuera simbólico, sentí que mis ángeles me habían abandonado.

Cuando llegué a San Luis, Ginny seguía alerta pero débil. La enfermera llegó y le dimos un baño, le cambiamos las sábanas y le pusimos su pijama nuevo. Al sostener su frágil cuerpo en mis brazos, me di cuenta que la estábamos preparando para su mortaja. Pero ella no estaba triste y, por el contrario, hizo que su último día fuera una ocasión especial. Riéndose y bromeando acerca de sus sábanas de un verde lima, me dijo: "El color de los cítricos es el de última moda, así que intento irme con estilo."

Después de que la enfermera se hubo retirado, Ginny me pidió que le cantara. La sostuve cerca a mí y le canté el único verso que recordaba de *Asombrosa gracia*. Las últimas palabras que me dijo fueron: "¡Ahora vete a Chicago, y da un estupendo discurso!" Repentinamente, me di cuenta de que cuando yo sea vieja y mire mi vida en retrospectiva, no quiero arrepentimientos. Quiero haber empacado tantas cosas a la vida como Ginny hizo en sus últimos años.

Cuando salí de la habitación, su hija me dio una cajita. "Hace varios días, aun antes de que mamá supiera que ibas a venir, me dijo que quería que tú tuvieras esto."

Dentro de la caja había un par de sus arracadas de oro favoritas. Entonces, comprendí inmediatamente por qué mi arete había desaparecido. Ahora, Ginny es el ángel que se columpia en ellos, recordándome constantemente, que viva la vida como ella lo hizo: al máximo. ¡Juntas estamos viviendo una excelente aventura!

BAILEY ALLARD

MI CAMIONERO

*D*urante toda la noche el viento rugía y la lluvia caía intensamente. Calladamente me recliné sobre Joshua, miré su cara y supe que dormía pacíficamente. Al pasar sobre él furtivamente, hacia el asiento delantero, su mano me asió el tobillo y pude sentir una sonrisa extendiéndose en mi cara.

"¿Cómo sabes que me moví?", pregunté. "No hice ningún ruido."

Respondió con una mueca: "¡No te puedes escapar! Conozco todos los movimientos de este camión, y a estas alturas debes saber que no puedes engañarme."

¡Estaba tan segura de que dormía! Llevábamos seis semanas viajando esa mañana del día de Acción de Gracias. Estábamos en el último tramo de nuestro viaje a través de todo el país, en un camión de 18 ruedas que pertenecía a Joshua. Teníamos que viajar de Florida a Texas y estaba programado descargar en el norte de Florida, seguir al sur y quedarnos en un departamento en la playa para descansar unos cuantos días. Luego, él partiría nuevamente hacia el oeste y yo volaría de vuelta a Nueva York. Para mí, una abuela y *prima donna* de 50 años, este viaje no planeado había sido maravilloso y lo iba a extrañar.

Pero hoy echaba de menos mi hogar. Vivir en un camión, no poder correr por mi sendero favorito todas las mañanas y estar en contacto con una sola persona, empezaban a inquietarme. Una parte de mí estaba encantada de estar a solas con mi camionero, pero hoy, algo en mí estaba fuera de lugar.

A medida que avanzábamos por la autopista, escuché el suave siseo de los limpiaparabrisas. Pensé en mamá. Probablemente, en este momento, estaba cocinando su salsa de arándanos y pronto comenzaría a preparar la tarta de calabaza con crema y brandy para llevarla en la tarde a casa de mi hermana. En ese momento, mi hermana Kathy estaría poniendo la mesa con su primorosa vajilla para nuestra cena tradicional. Yo estaría en mi cocina preparando pudín de maíz y pastelillos de queso crema que, todos decían, no debían de faltar. Desde luego, mi padre llegaría, pues él siempre pasaba en la mañana de este día festivo a visitar a cada una de sus hijas. Soñando despierta, pues casi podía escuchar su auto entrando por la vereda y deteniéndose, me di cuenta que nos habíamos parado en una estación de gasolina. ¡Corrí al teléfono para llamar a mi hermana mayor!

"¡Feliz día de Acción de Gracias!", dije, a punto de llorar.

"¡Hola!", respondió Barb. "¿Sabes? No dejo de pensar que es tan estupendo y emocionante que estés en la carretera. No es lo mismo que subirte a un avión y no ver todo lo que ocurre en el camino. Por aquí no hay nada nuevo, estamos haciendo lo mismo que hacemos todos los días de Acción de Gracias."

"Así es", respondí. "Está lloviendo y hace frío, ¡y esto es Florida! Tendremos la cena de este día en un restaurante para camioneros."

"Oye", me dijo. "La comida es de las mejores en esos sitios, y tu salsa será mejor de las que jamás hayamos hecho aquí. Siempre dijiste eso y, además, ¡qué linda historia para contar a tus nietos! Me tengo que ir. Ya oigo el auto de papá llegando."

Y ese fue el final de la conversación. ¿Estaría mi hermana sólo tratando de hacerme sentir bien?

Manejamos el resto de la mañana y almorzamos a eso de las 2:30.

"Comeremos ahora un bocadillo, y a eso de las siete pararemos para cenar pavo. ¿Te parece?", me preguntó alegremente.

Josh provenía de una familia de chicos. Tenían una florería, de manera que los días festivos se mezclaban con trabajo y entrega de flores. Entre estas dos actividades, se las arreglaban para darse un tiempo y cenar. En una familia de chicas, se hace más alharaca en esos días.

Entramos al restaurante y le pedí a la mesera que me trajera tarta de calabaza.

"No, espera", dijo Josh. "Mejor la comes esta noche con nuestra cena."

"La quiero ahora", dije.

"No, espera", dijo amablemente. "Comeremos la tarta con nuestra cena del día de Acción de Gracias en la noche."

"La quiero ahora", dije como una niña terca.

Desconcertado, sonrió a la mesera.

Yo quería la tarta ahora, sólo porque en casa, todos estaban juntos. Lo miré, miré a la mesera y me largué del restaurante, dejando mi bocadillo y mi gaseosa sin tocar.

Me fui al camión y comencé a llorar.

Él salió y me dijo: "Vámonos." No comprendía, no sabía por qué lloraba. Pues bien, yo tampoco. No sabía qué decir. Avanzamos en silencio mientras sentía las lágrimas rodar por mis mejillas, y seguía sin poder darle una explicación.

"Lo lamento si hice algo que te molestara", dijo con sinceridad.

¿Él? ¡Si era yo la que había cometido una tontería! Traté de alcanzarlo desde mi asiento pero quería estar aún más cerca a él, así es que me pasé para atrás y puse mis brazos alrededor de su cuello.

"No eres tú, Josh. Es que no estoy en casa para estas fiestas. Sin embargo, quiero estar contigo."

Seguimos avanzando hasta bien entrada la noche para detenernos en un restaurante para camioneros. Estaba atestado y me sorprendió ver cuánta gente estaba lejos de sus casas en esta fecha. Ordenamos nuestra cena de pavo y Josh tomó el teléfono que estaba sobre la mesa al tiempo que decía: "¿Por qué no llamas a casa?"

Intentando aparentar indiferencia, dije: "No, estoy contigo." Pero él insistió y no pude resistirme.

Llamé a la casa de Kathy y toda la familia fue pasando el teléfono del uno al otro, deseándonos unas felices fiestas. La suegra de Kathy me dijo: "Apuesto a que Josh está encantado de tenerte con él pues normalmente la pasa solo en este día." Esto, jamás había pasado por mi mente, pues siempre pensé que él era muy independiente.

Regresamos al camión que expertamente maniobró hasta ponerlo en un buen lugar. Lo miré y realmente me di cuenta de quién era, no sólo el pecho musculoso, el hombre físico hacia el cual me sentía atraída, pero *a él*. Me di cuenta que él me comprendía y me daba serenidad como ningún otro. Su mano se deslizó hacia mí para frotarme la nuca. Podría haber ronroneado al sentir que los músculos contraídos después de todo el día, se relajaban y, finalmente, supe que ahí era donde yo quería estar.

CONSTANCE CONACE

V
EXPLORADORES

"Sería el infierno si Dios me mostrara las cosas
que yo pude haber logrado de haber
creido en mí mismo."

—AUTOR DESCONOCIDO

RÉZALE A DIOS
Y LEE EL PERIÓDICO

*S*iempre *tuve una forma especial de considerar el amor. Aun* cuando tenía diez años recuerdo que creía en una clase de amor que era eterno y poderoso, distinto a todas las relaciones que había observado a mi alrededor. Durante toda mi vida, todos los deseos pedidos a una moneda arrojada a una fuente o en un cumpleaños, seguían siendo los mismos: "Ruego porque algún día encuentre el verdadero amor y que dure para siempre."

Hubo momentos en que casi renuncié a esto, pero aun cuando ya me acercaba a los 30, el deseo seguía siendo, fundamentalmente, el mismo. Me había lastimado lo bastante como para desalentarme, pero tenía la suficiente esperanza para saber, dentro de mi corazón, que si era paciente y leal, Dios me encontraría un esposo que cumpliera con mis sueños de adolescente. Mi madre siempre me aconsejó que dejara de intentarlo con tanta intensidad: el amor vendría cuando menos lo esperara. Y mamá tenía razón.

Antes de estar lista para contraer matrimonio, sabía que tenía que unir los cabos sueltos de mi vida. La primera etapa incluía mudarme del departamento que se veía afectado por las lluvias de temporal. El deseo de cambiarme y de verme libre de la marea alta estaba en mi mente, pero realmente no había puesto en acción mis intenciones. De hecho, di tantas vueltas, tanto con el trabajo como con los amigos y tareas insignificantes, que no podía encontrar el tiempo para comprar el periódico y buscar un nuevo lugar para vivir. Hasta que un día, salía de mi departamento con la prisa de costumbre, cuando tropecé en un periódico matinal. Eso no es tan extraño, excepto por el hecho que no estoy suscrita a ningún periódico matinal. Ese día recogí el periódico del piso y decidí que si Dios me estaba enviando uno, era porque se suponía que debía leerlo. Encontré tres anuncios de departamentos que parecían convenientes y otro, para compartir una casa. Llamé y escuché dos extraños mensajes de una contestadora y colgué. Una persona, Paul, regresó la llamada e hicimos los arreglos para encontrarnos y, posiblemente, compartir su casa. No sé qué es lo que yo esperaba, pero se mostró agradable y gracioso, y no le importó que yo tuviera un gato. Me ofreció un vaso de jugo de naranja y nos sentamos a conversar. Hablé con añoranza de mi escuela preparatoria y me enteré que él se había graduado en la misma. Repentinamente recordé los días de orientación para los del primer año, cuando el expositor nos dijo que el 85 por ciento de los alumnos de Bucknell se casaban con sus compañeros. Jamás había olvidado esa estadística. Miré la casa, miré al hombre y acordé mudarme al mes siguiente. Mi corazón presentía algo. Algo que no me atrevía a contar a nadie, por temor a que se rompiera el encanto.

Me instalé y me sentí en casa. Se estableció entre nosotros una rutina para desayunar y compartir la conversación en las mañanas. Otras veces veíamos televisión y platicábamos hasta bien entrada la noche. Se burlaba de mí por mi inclinación a comer helado Ben & Jerry en el desayuno y yo me reía de él por la habilidad que tenía para imitar a Jimmy Stewart y Scooby-Doo. Llegó el día en que terminé con mi novio y él acabó con la relación que sostenía en ese momento. Ya llevo un año en esta casa. Estamos comprometidos y ahora leemos juntos el periódico matutino.

SUSAN LAMAIRE

"Sueños, apasionados sueños. Diseñan su realidad."
—CANDIS FANCHER

EL VUELO DEL DESTINO

¿Qué crees que estás haciendo?", me gritó mi mente. "¿Quién diablos te crees que eres?"

Me encontraba en la mitad de una clase para aprender a volar. Una en la que iba tan mal que yo estaba a punto de romper en sollozos. Mientras más me esforzaba por aprender a pilotear un pequeñito avión monomotor, peor lo hacía. ¡Todo me salía mal!

Desde luego que no era de gran ayuda el hecho de que mi instructor era joven y guapísimo, y que yo estaba locamente perdida por él. No sólo quería hacerlo bien por mí, sino que quería estar radiante para él. Pero todo iba tan mal que aun él se equivocó y ¡comenzó a gritarme! Después de sus dos primeras palabras, ya no pude oírlo. Todo lo que podía pensar era: eres una tonta por intentar volar aviones. Después de todo, sólo eres una chica y ¡nunca lo lograrás!

Camino a casa, todas mis dudas y autoaversión salieron a la superficie. Todas las cosas estúpidas que había hecho y dicho durante mi vida acudieron a mi mente, y parecía una cantidad abrumadora de ellas. Mi mente me dijo que era tonta, tarada y fea. Y lo que es más, me sentí arrogante ¡por *intentar* aprender a volar! ¡Como si realmente hubiera creído que lo lograría *algún día!* Lágrimas amargas brotaron de mis ojos en el trayecto.

Aunque parezca mentira, al día siguiente y a la hora señalada, me subí al auto y manejé hasta el aeropuerto. Seguí insistiendo a pesar del convencimiento de que no era capaz, porque, como verán, la pasión en mi alma era un fuego incontrolable y ni siquiera todo lo negativo que me había dicho a mí misma, iba a impedir que me convirtiera en instructora de vuelo.

En la segunda clase, cuando el profesor repasó las maniobras básicas, me reí de felicidad al tiempo que me elevaba, volteaba y bamboleaba por el cielo. Otro desafío era aprender a hablar en el radio. En ese mundo de voces masculinas, yo quería aparentar estar calmada, fría y profesional. Me preocupé tanto por esto que cuando quise hablar, ¡empecé a tartamudear!

Pero, lo más importante era aprender a aterrizar. Cuando el maestro lo hizo, pareció muy fácil. Cuando llegó mi turno, floté y di traspiés. Esa noche soñé, una y otra vez, con horribles aterrizajes. Estaba totalmente convencida que era una causa perdida y, sin embargo, al día siguiente, hice el plan de practicar más. Volé y al rodar por la pista, me di cuenta de que acababa de realizar un aterrizaje tan suave que ni siquiera habíamos *sentido* el momento de tocar tierra. ¡Un gran éxito!

En retrospectiva, todo ocurrió al dar pasos de bebé. Casi antes de darme cuenta, ya volaba sola y ése fue el momento más triunfal de mi vida. No sólo lo hice sin ayuda, sino que lo hice bien. Ni siquiera mi platicadora mente pudo encontrar defectos. En cada despego, podía sentir la libertad de mi espíritu desconectándose de la tierra y convirtiéndose en parte del universo.

Aquellos momentos místicos cuando comencé a confiar en mí misma, ocurrieron hace 21 años. En mi juventud, acostumbraba a luchar contra la parte de mí que no era dulce, suave y obediente. Ahora, aprecio todas mis cualidades de lucha y empuje. ¿Y recuerdan que pensé que yo era estúpida, tonta y fea? Pues bien, ¡no estoy de acuerdo! La confianza en mí misma alcanza el cielo y he descubierto la verdad: soy maravillosa, especial, talentosa y perfecta. Esto me ha dado un sentido de compasión y respeto, pues honro la belleza y la perfección en otros individuos, donde quiera que estén. La paz y serenidad interiores pulsan tan fuerte en mi interior, que sé que otros las perciben. Gracias a Dios porque me esforcé en obtener lo que deseaba.

En cuanto a mi meta de convertirme en instructor de vuelo . . . Volé hacia ese objetivo y fui más allá. Ahora soy piloto internacional para la United Airlines y todas las semanas vuelo a París, Londres y otros lugares mágicos.

¡Estoy viviendo mi sueño con gran pasión!

ROBIN RYAN

LA CUEVA DE LOS HELECHOS

odos los años mi hermana y yo hacemos un viaje juntas en pos del gran interés que nos une: los pájaros y la naturaleza. Esta vez me había convencido de que la acompañara a la Conferencia Anual de Águila Calva.

El fin de semana se presentaba con una interesante mezcla de observación de aves, charlas y trabajos de campo. En el último día, compartimos un auto para dirigirnos a la Cueva de los Helechos, cuyo nombre me hacía erizar la piel, pues toda mi vida había sufrido de una claustrofobia tan intensa que ni siquiera podía usar los elevadores.

Nuestro guía salió de la pista y detuvo el auto a la mitad del desierto. Todos salimos al helado aire de febrero y caminamos una corta distancia. En el trayecto, miraba el paisaje plano y árido que me rodeaba y me preguntaba dónde estaría la gruta. El elevado desierto se extendía por kilómetros, cubierto por artemisa y empolvado a causa del viento seco y helado. El guardián se detuvo y al acercarnos a él, vi un enorme hueco en la tierra, cubierto por una gran reja de acero.

Luego, se agachó, tomó una ramita de salvia y se la puso en el ojal. Sacó de su bolsillo una pequeña bolsa de medicina y se la colocó alrededor del cuello. ¿Qué estaba pasando?

Nuestro guía abrió la reja y descendimos a otro mundo. Al bajar cuidadosamente la escalera, escuché la voz del guardián como un eco: "Éste era un antiguo lugar sagrado de los indios modoc, y lo siguieron usando hasta 1873, cuando fueron enviados a una reservación. No ha sido sino hasta hace poco que algunos hechiceros de esa tribu regresaron a esta gruta."

Entramos por el extremo de un tubo de lava cuyo techo se había derrumbado tiempo atrás. Más allá de la abertura podía verse una verdadera gruta de helechos, de un verde lujurioso y totalmente fuera de lugar. El aire se hizo pesado, húmedo y tibio. Los helechos estaban saludables y preciosos, alimentados por la luz que venía de arriba, por los nutrientes provenientes de conejos, roedores y culebras que se habían caído y por el agua que goteaba desde el techo de la caverna. Un asombroso ecosistema: un enorme invernadero.

Pero aún más asombrosas eran las cientos de capas de pictografías que cubrían las paredes cercanas a la boca de la cueva. No eran representaciones seculares, sino que éste había sido un lugar para invitados espirituales y ceremonias importantes de los habitantes nativos. El guardián nos dijo que cuando los hechiceros de la tribu modoc entraron a la cueva a comienzos de los noventa, cayeron de rodillas en asombro y respeto. Las imágenes espirituales descendían desde la sección de 400 metros del tubo de lava, y se extendían más allá de la cámara formando dos círculos. Los espíritus de las abuelas formaban el círculo interior y el de los guerreros, el círculo exterior.

Se nos dio tiempo para que solas recorriéramos la cueva. Sintiéndome como una clarividente y en forma consciente, dirigí mi linterna hacia las misteriosas pinturas que me rodeaban. Apagué la luz y me dirigí a la siguiente cámara cuyo techo se alzaba por lo menos unos nueve metros de altura. Un sentimiento de paz y amor me envolvió. Estaba oscuro y denso, como las gruesas y tibias frazadas que nos cubren en una fría noche de invierno. Me quedé en silencio y me pregunté cómo era posible que me sintiera tan bienvenida en un lugar como éste, ¡en una cueva! Sin embargo, me sentí rodeada de amor y el espíritu de una presencia espiritual era inconfundible. Lo único que deseaba era permanecer sentada y beber algo en este ambiente amoroso, pesado y acre.

Gradualmente, los que nos acompañaban comenzaron a dirigirse a la escalera mientras yo me quedaba con lágrimas en los ojos en el silencio de las entrañas de la gruta. Me dolía el corazón con añoranza. No quería irme; deseaba quedarme por el resto de mi vida. Finalmente, fue evidente que yo era la única que faltaba y uno de los líderes del grupo me hizo señas. Me costó mucho subir y, al llegar a la superficie, tuvieron que ayudarme para que no me cayera hacia atrás.

Quedé de pie ante la boca de la cueva intentando ajustar mi mente al mundo desértico que me rodeaba. El cortante viento de febrero soplaba con fuerza, en tanto que los arbustos de salvia crujían. Solemne y silenciosamente, regresamos a los vehículos.

Nunca salí del todo de la Cueva de los Helechos. Desde entonces, en varias ocasiones, las personas que me han visitado en casa me han dicho que sienten que hay alguien más en la habitación con nosotros, y cuando el abrumador sentimiento de amor me rodea, sé que los espíritus de las abuelas están presentes.

SHARON KINDER

UNA CARTA PARA TIM

onocía a Tim de vista o, más bien, de oído. *Todos lo conocían en*
la Escuela Central. No es que fuera ruidoso, aunque aun
cuando sólo contaba con 11 años, su voz ya tenía una
sonora y penetrante cualidad. Ya desde entonces era un payaso
escandaloso. Y en lo que a mí concierne, él ni sabía que yo existía.

Sin embargo, una tarde terminamos juntos en un salón de
clase con mi amiga Sue. Tim platicó con nosotras al tiempo que
se la pasó recogiendo grapas usadas del recipiente para las tizas,
y clavándolas en una vieja caja de curitas. Por unos segundos observé lo que hacía para luego decirle bruscamente: "¿Por qué
haces eso?"

Se encogió de hombros y dijo: "Por la misma razón que el año
pasado tú escribiste los nombres de los animales en un
cuaderno."

Lo miré fijamente, olvidando la caja de curitas. El año anterior había comenzado a escribir nombres de mascotas, una labor
más ambiciosa de lo que parece, puesto que mi hermano Gary y
yo, continuamente recogíamos gatos de la calle para llevarlos a la
granja de mis abuelos. En ese entonces, probablemente ya
habían pasado por nuestras vidas unos 40 ó 50 de ellos. Me había
preocupado olvidarme aun de los más pequeños, que habían estado con nosotros sólo apenas unas semanas antes de que el mo-
quillo se los llevara al otro mundo. Luego, otros chicos
comenzaron a darme nombres de mascotas y ésos también los
anoté. ¿Por qué? No lo sé, excepto que aún entonces me vi atra-

pada en la poesía de los nombres y de nombrar, de la misma manera que ahora el nombre de las hierbas y los diseños de los cubrecamas crean una magia vívida para mí. Pero esa tarde, en el oscuro salón de clase y en tanto llegaba el autobús escolar, me sentí apabullada porque un extraño chico se había dado cuenta de mis garabatos excéntricos.

En la escuela secundaria volvimos a encontrarnos y nos hicimos buenos amigos, pues él iba tras una de mis amigas en tanto que otras dos, iban tras él. Conversamos algo por teléfono y mucho en la clase de segundo nivel de inglés. Juntos actuamos en un par de obras de teatro y en una ocasión me dio un poema que había recortado de un periódico: una pieza simple y emotiva que guardé entre mis cosas durante años. De ella sólo recuerdo que se refería a algo así como "ojos sabios".

Nos fuimos distanciando, pero volvimos a encontrarnos en el primer año de universidad y comenzamos a salir juntos. Llegó el momento en que nos casamos y tuvimos a Marissa, una niña con la imaginación y la tremenda inquietud de su padre. Nunca fuimos una pareja perfecta. Con frecuencia yo bromeaba diciendo que íbamos a continuar discutiendo acerca de los dientes y caminadoras cuando Marissa nos enviara a una residencia para ancianos. Pero a ambos se nos salían las lágrimas y las sorbíamos cuando veíamos escenas tontas de alguna película y nos reíamos cuando nos sorprendíamos en eso. Y hubo momentos en que un alma se encuentra con otra y nos veíamos bajo la perspectiva del otro: "Somos más parecidos de lo que crees", me dijo una vez, y tenía razón. Éramos amigos, compañeros de búsqueda y parte del otro en nuestra niñez, con más recuerdos de los que pudiéramos imaginar: grapas en una caja de curitas. Y además, él creía en mi sueño de llegar a ser una escritora, aun en esos días en que ni yo misma lo creía.

"No he hecho nada más en mi vida", me diría. "He intentado apoyarte en tu escritura . . . y creo que tienes talento para ser una gran autora."

Aquella mañana de un martes de julio era uno de esos días en que "las paredes me miraban con malos ojos". Nada parecía salir bien. Entonces recibí una llamada del editor quien habló con entusiasmo, en referencia a una obra donde yo había puesto mucho de mí. Cuando colgué el receptor, me sentía radiante. "Espera a que Tim se entere de esto", dije con júbilo.

Nunca lo supo. Su camioneta patinó sobre el piso resbaloso de una pista muy conocida, dio una voltereta, se incrustó contra un poste y murió instantáneamente.

Unos cuantos días después, lo enterramos en un pequeño cementerio del bosque, tras la casa que miraba a las montañas que él amaba. En lo que pareció una parodia de nuestra boda, nueve años antes, el hermano que me había entregado me guió hasta la tumba de mi esposo. El sol echó sus rayos sobre el féretro de madera de cerezo, haciendo resaltar la veta rojiza de la madera y entonces pensé: ¡qué ataúd tan bello! Y ese pensamiento, por extraño que parezca, se quedó en mi mente durante toda la misa. Cuando terminó, me recliné y besé la tapa. No fui capaz de mirar lo que quedaba de él.

No pude permitir que lo enterraran sin hacer nada, así que estiré la mano para tomar la pala. El director del funeral movió la cabeza suavemente e hizo un movimiento con la mano: "No es necesario que lo hagas", dijo. Pero yo quise y después, volví a agacharme y besé la tapa por última vez, a pesar de la tierra sobre ella.

Diana Ross, en su canción *Tócame en la mañana*, dice: "Déjame ver cómo te vas con el sol en mis ojos." Recuerdo el escuchar ese verso con un buen amigo en los días de la escuela secundaria; nos miramos y nos alejamos del egocentrismo adolescente por el dolor y la poesía de esas palabras. Pues bien, yo sí había visto a mi amigo y mi amor alejarse con el sol en mis ojos. Pero el amor no había muerto: estaba muy cerca de mi corazón y era mucho más fuerte que la muerte.

Durante las siguientes semanas, no pude escribir, ni tampoco llorar. Finalmente, surgió un poema que nació de mi dolor. Y me dijo que en algún lugar del destrozado hogar de mi ser había una persona que todavía podía encender la llama del sentimiento. Escribí un diario que me ayudó, aunque las palabras seguían brotando defectuosamente, como si me estuviera recuperando de apoplejía. Pero regresaron, y eso era lo único que me importaba.

Eleanor Roosevelt, quien llegó a sobrellevar su gran timidez y su dolor personal para ayudar a otros, decía: "Debes hacer eso que tú crees que no puedes." Lo que yo sabía que tenía que hacer para que mi alma cicatrizara, era precisamente, eso que no lograba hacer: escribir acerca de la muerte de Tim. Entonces, mi consejero me dijo: "Quizás pudieras escribirle una carta."

Así pues, ésta es mi carta de adiós al chico de palabras ingeniosas con la caja de curitas, el que me sorprendió con un poema acerca de unos ojos sabios, al hombre franco, sensible y juguetón que me dio a Marissa, la risa y su fe en mí. Y mientras estoy sentada aquí, escribiendo, las lágrimas finalmente me encuentran y se liberan las palabras y los sentimientos atrapados bajo los escombros. Nuevamente, la percibo. Es una voz diferente. No sé si ella o, en todo caso, mis ojos, son más sabios, pero sí es capaz de una mayor profundidad, franqueza y, espero, compasión. Una nueva voz ha nacido de un gran dolor.

T. J. BANKS

Y CON EL BEBÉ, SOMOS TRES

Salí de la ducha envuelta en la toalla y miré a Sheba, mi gran gata de los Himalayas. Sus grandes ojos de zafiro contemplaban las lágrimas que corrían por mis mejillas, hasta su lujosa pelambrera blanca. Sentí que me decía: "Mamá, sé que lo que verdaderamente quieres es un chico con dos pies, pero lo que realmente tienes es una gatita con cuatro garras. Si haces una buena labor conmigo, estoy segura que tendrás un chico."

Esa noche y todas las demás oré para que mi gata tuviera razón. Viniendo como yo venía de una familia disfuncional, carente de verdadero amor, no era suficiente el que me hubiera convertido en una exitosa empresaria y que viajara alrededor del mundo. Después de pasar el cuadragésimo año de mi vida de soltera, ansiaba tener lo que faltaba en mi existencia: alguien a quien amar y que me amara.

Una voz interior me aguijoneaba con tenacidad, así es que comencé el trámite de adopción. Pasaron siete años y, finalmente, recibí la llamada telefónica por la que me aseguraban que calificaba para adoptar una bebé que nacería en Las Vegas, Nevada. Una semana después de su llegada al mundo, yo cumpliría 48 años. Para mí, pensaba: "Donna, estás loca. Se necesita una energía herculiana para criar un hijo, y ya eres demasiado vieja para pasarte las noches sin dormir y afrontar los gastos de una educación universitaria. Y si algo te pasa, ¿entonces, qué?"

Aun los amigos que conocían mis planes de adopción me hablaron de todos los problemas y parecían dudosos de alentarme. Y, sin embargo, rehusé a darme por vencida, pues deseaba apasionadamente un niño. Entonces Sheba se acurrucó a mi lado y sus grandes ojos azules parecieron decirme: "Adelante. Yo te quiero y también te querrá, cualquiera que sea su nombre."

Cuando traje a Mariah Chelsea Hartley a casa, mi mundo se puso patas arriba, pero yo estaba extasiada. Era una realidad. Mi bebé estaba en mis brazos, en casa. Claro que hubo noches en vela, galones de leche, docenas de pañales sucios y la fantasmagórica inseguridad de la maternidad. Las sonrisas de Mariah florecieron, y el amor incondicional que brillaba en sus ojos se convirtió en mi felicidad.

Pasaron los meses, y batallé con el apretado horario de trabajo para pasar todo el tiempo que pudiera, observando los milagros de Mariah: una manita restregándome la nuca, gorgojitos de felicidad, bracitos gordos en miniatura enroscados en mi cuello y la máxima felicidad al escuchar: "mamá" de esos labios de botón de rosa, estiraditos en una sonrisa. Como nueva mamá, aprendí que cada día nos trae nuevas experiencias y una razón para tener paciencia y tolerancia hacia el pequeñito ser que amas.

¿Y qué es lo que mi peluda gata piensa acerca de la invasión de su territorio con llantos en la noche y deditos curiosos que todo pellizcan? Puedo decirles que realmente, somos una familia. Al menos, así lo comprendí después que regresé de la tienda, puse el auto en el garaje y vi a Mariah durmiendo en el asiento trasero. Como podía mirarla desde la ventana de la cocina, dejé la puerta abierta y no la desperté. Sheba maulló como preguntando ¿dónde está la bebé?, y procedió a rebuscar por toda la casa. Un rato después, encontré a la gata enroscada junto a la hija durmiente. Supe que mi decisión había sido la acertada. Y esta vez no había duda acerca de lo que mi amiga felina me estaba diciendo: "Oye, mamá y el bebé, somos tres."

DONNA HARTLEY

YA ERA HORA

Cuando niños, somos conscientes, instintivamente, del ritmo natural de la tierra. Al haberme criado sin electricidad ni televisión, con frecuencia prefería observar el drama de una gran tormenta que cruzaba por las praderas de Dakota del Sur. Con emoción esperaba a que se presentaran las ominosas nubes y los rayos que cruzaban el cielo de la noche. Mi padre diría: "Después de que hayas visto los rayos, cuenta hasta que escuches los truenos. Entonces sabrás a qué distancia está la tormenta."

La vida en el campo estaba llena de ciclos y de ritmo. El saber el tiempo correcto para arar, sembrar y cosechar era de vital importancia para el granjero. El saber cómo cruzar a las vacas en un tiempo determinado, aseguraba que los becerritos llegarían al mundo al crecer el pasto de primavera y no durante la nieve del invierno. Todo tenía sentido y parecía ser parte de un plan maestro.

Cuando llegó el momento de irme de la granja para asistir a la universidad en la gran ciudad, descubrí que la gente se despertaba con la alarma de un reloj, y no con los primeros rayos del día. Las citas y los horarios no estaban en armonía con el reloj corporal, sino que se acomodaban a la conveniencia y eficiencia de un extraño. El clima, las estaciones y la verdadera hora del día, se ignoraban totalmente. Me sentí desorientada y desincronizada.

En mi lucha por encontrar un equilibrio, tomé algunas clases sobre cronobiología (el estudio del tiempo y del cuerpo humano), que en los años sesenta era una ciencia relativamente nueva.

Aprendí acerca de la sinfonía de los ritmos en la naturaleza, incluyendo los de mi propio cuerpo. Fue sorprendente descubrir que existe "el mejor momento" para hacer casi cualquier cosa: existe un flujo y un reflujo, un ascenso y un descenso de nuestro estado de alerta, de nuestra fuerza y de nuestra energía. Regresó a mí la familiaridad que tuve con el "plan maestro" como cuando era niña y me las arreglé para que mi horario me sirviera para optimizar mi rendimiento en la escuela.

En unas vacaciones de primavera, le conté a mi padre con entusiasmo acerca de las investigaciones que se llevaban a cabo en los laboratorios de cronobiología en relación con el horario al que debían sujetarse los tratamientos para el cáncer. Él me escuchó con paciencia y me respondió: "Las células cancerosas son como la mala hierba. Todos los granjeros saben que las sustancias que se esparcen sobre los plantíos para matar la mala hierba, a cierta hora del día, matará la mala hierba y los plantíos se harán resistentes. A otra hora del día, ambas mueren."

Después de terminar la universidad, la vida corporativa me prometió dinero, viajes y una carrera; mi interés en cosas como la cronobiología se extinguió. Obtuve un empleo en el campo de la computación y progresivamente me fui alejando de mis emociones y sentimientos al enfocar mi atención en cuotas y logros. Mi jefe solía decirme: "Hay que hacer lo que sea necesario, como sea", y así lo hacía yo, a costa de mi persona. Tiempo después llegué a darme cuenta de que el costo era mucho mayor de lo que había imaginado.

Después de varios años de triunfos, tenía una cuenta bancaria que aumentaba día a día, un fracaso matrimonial y mi padre había fallecido. No tenía a nadie para quien actuar o impresionar y no sentía nada: dolor, enojo, amor o felicidad. Estaba desequilibrada, desincronizada, desordenada y sola.

Y entonces, me diagnosticaron cáncer de mama. Esta crisis me hizo salir del zoológico corporativo y, nuevamente, ponerme en contacto con sentimientos más profundos. Añoraba la sincronización y el equilibrio que había gozado de niña.

Habían pasado 25 años desde mi interés por la investigación sobre el tratamiento del cáncer en la universidad. Ahora estaba desesperada por saber qué era lo que habían descubierto mientras yo había estado ausente de "la vida". Mi primera llamada no la hice a la línea telefónica de emergencia para pacientes cancerosos, sino a mi profesor de antaño. Me dijo que los investigadores de más alto nivel habían descubierto que el día del mes en que se llevaba a cabo una biopsia, y la hora del día en que se daba el tratamiento, eran significativos para la supervivencia a largo plazo. Específicamente, me dijo:

• La cirugía para el cáncer de mama puede ser más efectiva en un 30 a 40 por ciento si se realiza a la mitad del ciclo menstrual.

• Los tratamientos dados a la hora correcta del día son más potentes y pueden causar menos efectos colaterales.

Mi diagnóstico me alertó. Me sintonizó y me recordó que cuando intimamos con el horario interno de nuestro cuerpo, podemos sentir lo que se avecina, como el trueno antes de la tempestad.

Ahora hago ejercicios a la hora que es mejor para mi cuerpo y tomo mis alimentos en el momento apropiado. Incluso hago el amor y programo las reuniones de trabajo a la hora óptima. Mi doctor me asegura que la prognosis para la supervivencia a largo plazo es estupenda.

La sabiduría del campo nos dice que hay un tiempo malo y uno bueno para casi cualquier cosa que hagamos.

Tengo una amiga que ha estado felizmente casada por casi 35 años. Ella se levanta a las cinco de la mañana y él se acuesta a las cuatro de la madrugada. Riéndose me dice: "Nuestro amor siempre está caliente y nuestra cama nunca está fría."

Otra amiga escribe canciones o pasa la aspiradora a las dos de la mañana. La gente que se levanta temprano, sale a correr y respira el aire fresco del amanecer y se preguntan qué está funcionando mal en todos los demás. Me he dado cuenta que el mejor momento del día para mí, con frecuencia lo perdía por estar metida en el tráfico camino a casa, después del trabajo.

La frase "hacer heno mientras brilla el sol" tiene sentido ya sea que estés en la granja o en la ciudad. Debemos de encontrar la oportunidad de vivir en equilibrio emparejando nuestro esfuerzo con el flujo de nuestro ritmo natural. ¡Ya es hora de que tú también lo hagas!

NANCY KIERNAN

VI
POR FIN, LIBRE

"El alma siempre debería de permanecer entreabierta, lista para darle la bienvenida a una experiencia de éxtasis."

–EMILY DICKINSON

*"Una medida funcional de tu progreso
es la rapidez con la que puedes liberarte cuando estás atorado
y la cantidad de formas que conoces para hacerlo."*
—KATHLYN HENDRICKS

POR EL LADO SALVAJE

or fin, unos cuantos días para mí sola, lejos del estrés de la ciudad.

"Ten cuidado con el virus Hanta", me había advertido mi esposo, enemigo de los campamentos.

"Recuerda que el bosque pertenece a las criaturas salvajes que lo habitan", me habían reprendido mis hijos, porque ellos respetan la vida del bosque.

Y mi nieta de cinco años había gorjeado: "Ten m-u-u-c-h-o cuidado con el lobo."

¡Hurra, hurra, ra-ra-ra! En un auto cerrado, a 100 kilómetros por hora, por la ruta 5 y alejándome de Los Ángeles, mi voz de 58 años de edad, sonaba bastante bien.

A través de Grapevine, hacia Bakersfield. Sin prisa. Sin preocupaciones.

En el Hostal del Bosque Gigante, una amable mujer me explicó cómo llegar a mi cabaña. Un letrero detrás de ella llamó mi atención: NO ALIMENTE A LOS OSOS. "¿Quién querría alimentar un oso?", dije.

A las siete de la mañana me desperté con el suave sonido de los pájaros. No tenía que preparar bocadillos para el almuerzo ni hacer un plan para reuniones de oficina.

Me puse mi sudadera, me lavé los dientes, me unté loción de protección solar y repelente para mosquitos. Con una botella de agua en mi mochila, estaba lista para vivir la tranquilidad del bosque.

En un letrero se leía: Roca Morrow. Me estiré, miré el sendero cuesta arriba y acepté la invitación.

Me incliné para recoger dos varas para apoyarme y moviéndolas sobre mi cabeza como una guerrera, llamé al fantasma de mi infancia: "Yo soy Jane, tú eres Tarzán." Mis hermanos y yo habíamos pasado la mayor parte de nuestro tiempo libre en el bosque, imitando a nuestros héroes de la niñez.

"¡Vamos a Pretoria, Pretoria, Pretoria!"

El cielo es un gran auditorio. Mover los bastones de un lado a otro me hacía sentir poderosa.

Al avanzar, las ramas de los abetos frente a mí comenzaron a temblar, cayendo sus piñas al suelo, como si fueran granizo. Toda esa conmoción no tenía sentido, puesto que no había viento. No podía ver nada y, sin embargo, vibraba vigorosamente. Coloqué los bastones sobre mi cabeza y corrí.

Las piñas continuaban cayendo detrás de mí cuando me senté en un tronco caído. Había estado caminando ya por más de dos horas y me sentía acalorada y cansada. Eran como las 9:30 a.m. Abrí mi mochila y saqué el agua.

Vi un pájaro azul, una mariposa serpenteando y algunas frutillas a medio comer en un arbusto espinoso. Escuché lo que parecía el ruido de un auto entrometido en la distancia y lo que supuse eran guardabosques construyendo algo. Pasaron como cinco minutos; incluso, llegué a pensar en tomar una siesta.

Repentinamente, un fuerte sonido me sacó de la calma y me puso de cara al peligro que amenazaba mi vida. Un oso negro descendió del árbol por el que acababa de pasar y comenzó a caminar hacia mí, a cuatro patas. Me quedé muda. ¡Con razón el árbol se movía y había frutillas a medio comer!

Mis entrañas comenzaron a gritar, pero mi boca no se movía. Mi cuerpo quería correr pero no hubiera podido adelantarme al oso.

Pensé que me iba a dar un ataque al corazón, pues de chica había sufrido de fiebre reumática que me había dejado con un ritmo cardiaco irregular. "No hay de qué preocuparse", había dicho el médico, "sólo cierta debilidad de las válvulas." ¡Se equivocó! Definitivamente, algo no funcionaba.

Aterrorizada, le di la espalda al oso y, dando traspiés, me dirigí hacia donde yo pensaba que había escuchado pasar un auto.

Mis pensamientos iban, rápidamente, de atrás hacia adelante, de arriba a abajo, como una descontrolada imagen en la televisión. Sabía que todos se enojarían conmigo si un oso llegara a comerme.

Caminé con una fiera determinación, meneando los bastones sobre mi cabeza y cantando.

"Cuando sientas miedo, camina con la cabeza en alto y silba una tonada alegre . . ."

Me salí del sendero, y sorteando obstáculos, penetré en la zona pantanosa. Desesperadamente, miré sobre mi hombro con la esperanza de que el oso se hubiera ido, pero ¡no tuve esa suerte! Estaba a seis metros de distancia, acercándose lentamente. Por todo mi cuerpo se cruzaron descargas de miedo y mis rodillas se debilitaban.

De la nada apareció un árbol caído para crear un puente de 12 metros sobre el pantano. ¿Podría pasarlo sin caerme? Yo había sido bailarina . . . hacía 30 años. ¿Podría cruzarlo y pasar más allá del pantano a donde esperaba, sin esperanza, que hubiera una carretera y gente? Me subí y rogué para que el señor oso fuera demasiado grande para esta pequeña viga.

Con las rodillas temblando, vacilé a lo largo del árbol . . . me resbalé y caí . . . me las arreglé para levantarme y, con más temblorinas, seguí adelante. El sonido de las pisadas del oso competían con los latidos de mi corazón. Ya estaba sobre el árbol, en perfecto equilibrio, a sólo cinco metros de distancia. Cualquier circo lo hubiera contratado en un instante.

Dentro de mi corazón se oían salvajes tambores africanos y me preguntaba por qué no había una partida de rescate que me sacara de esta pesadilla matutina. ¿En dónde estaba Tarzán de la selva cuando yo lo necesitaba?

Repentinamente, escuché una voz resonante en mi cabeza: *¿Quieres vivir?* Era discordante, pues pensé si verdaderamente tenía otra opción. Llegué al final del tronco y salté a tierra firme.

¿Quieres vivir? Continuaba resonando en mi interior. La voz me ayudó a detener el temor y el terror, y a lanzarme en el vuelo de un ángel con determinación.

¡Sí, sí, sí!, respondí. Me di la vuelta y fijé la mirada directamente en los ojos del oso. Batí los bastones sobre mi cabeza y le grité: "No voy a perderme de ver el debut de la actuación de mi hija. No voy a perderme los platillos que prepara mi hijo en su nuevo restaurante. No voy a perderme del nuevo espectáculo musical de mi esposo. No voy a perderme del siguiente cumpleaños de mi nieta. Ahora, *lárgate*."

Me di la vuelta, rasgando mi ropa con la maleza y rasguñándome con los arbustos. Caminé como si el oso continuara tras de mí, ascendí por un terraplén de seis metros de alto y, demasiado estupidizada para moverme, observé un auto que pasaba. Miré atrás. No podía ver al oso pero lo sentía mirándome tras maleza.

Frenéticamente, hice señas a otro auto y me metí en su vientre de metal, agradecida por estar viva. Sintiendo una oleada cre-

ciente de nueva fuerza y alegría, que nació al haberme visto tan
cerca de la muerte y de haber recibido un bello regalo, comencé
a tararear hacia mi interior:

 "¡Hurra, hurra, ra-ra-ra!"

JUDITH MORTON FRASER

"Tú y yo podemos vivir en un mundo encantado,
pero sólo cuando alimentemos y cuidemos nuestras almas."
—Deborah Olive

EL CÁLIDO GRUPO, LATOSO Y HOSTIL

Asistirán *200 personas y debe saber que todos se odian* entre sí, odian su trabajo, y no quieren oír lo que usted tiene que decirles. Y, a propósito, somos una organización no lucrativa y no tenemos mucho dinero para pagarle."

Me sorprendí cuando me escuché decir: "Me siento honrada de hablar en su conferencia regional."

Colgué el teléfono para luego hacer una pataleta total.

"No me ofrecí para esto", le grité a Dios, mientras que golpeaba el suelo por toda la cocina.

"Claro que sí lo hiciste, Jody", escuché claramente, "cuando dejaste tu empleo corporativo dijiste que enseñarías al mundo los Principios de los Propósitos del Alma si yo te apoyaba. Pues bien, lo estoy haciendo, y necesito que enseñes a estos amigos *mis* verdades."

"Está bien, Dios", murmuré. "¿Quién soy yo para discutir contigo? Lo haré, aunque no me agrade."

"No tiene que agradarte. Sólo necesitas tener la voluntad de servir", me recordó amablemente.

La invitación para este discurso se me había hecho en enero, para darlo en abril. Durante tres meses me referí, en broma, a esta oportunidad como la del "grupo hostil". Durante tres meses me consumí por el temor de hablar ante un grupo enojado y poco receptivo. Durante tres meses me visualicé esquivando los huevos podridos y los tomates que, estaba segura, me arrojarían. Por tres meses escribí y volví a escribir los puntos más importantes de mi discurso, para que sonara más corporativo que espiritual. Finalmente, llegó el día.

"Aun cuando no nos hayamos conocido, y aun cuando algunos de ustedes no tengan ganas de estar aquí", comencé tentativamente, "y aun cuando algunos de ustedes no deseen escuchar lo que estoy a punto de decirles, yo sé cuatro cosas sobre ustedes con las que estarán de acuerdo."

Muchas caras sonrientes me miraban. Hummmm. En silencio, me reí de mí misma, pensando que ésta no era la reacción para la cual me había preparado.

"Cada uno de ustedes, aquí presentes, quiere cuatro cosas", continué. "Y si tuvieran esas cuatro cosas, me dirían que están viviendo una vida llena de sentimientos y de propósitos. *Uno:* relaciones armoniosas en un cien por ciento. *Dos:* un cuerpo saludable y vigoroso. *Tres:* un sentido de prosperidad en expansión. *Cuatro:* vivir según los propósitos de su alma y lograr cambios."

Asintieron con la cabeza, entusiasmados. "Para crear estas experiencias, deben de saber algunas cosas acerca de vuestras almas", les sugerí, con una renovada confianza en mí misma.

- *El alma demanda ser libre.* La libertad, por definición, significa: no ser dependiente de otros. Ser autosuficiente. No estar determinados por nada que vaya más allá de la propia naturaleza o ser del alma.

    Los estadounidenses no se sienten libres. De acuerdo con el Centro para el Control de Enfermedades, 750 mil ciudadanos de este país murieron por problemas cardiacos en 1977. Lo que es aún más interesante es que más ataques al corazón tienen lugar entre las siete y las nueve de la mañana del lunes.

- *El alma anhela las pausas silenciosas.* Cada uno de nosotros tenemos mil 440 minutos en un periodo de 24 horas. Después de años de ayudar a las personas a que descubran los propósitos de su alma, lo que escucho con más frecuencia es: "No lo sé." Para descubrir por qué existimos y qué hacer con nuestras energías creativas, *debemos* de sentarnos con tranquilidad y escuchar. Sólo dos minutos al día, o más. De un momento de silencio, emerge una gran sabiduría.

- *El alma se deleita con el pulso tribal.* Todos necesitamos y deseamos sentir que pertenecemos. Vivir una vida llena de sentimiento requiere de nosotros hacer un inventario estricto de las personas que nos rodean. ¿Son positivas, nos apoyan, nos alimentan? ¿Están dispuestas a decirnos la verdad, aun cuando no querramos escucharla? ¿Están dispuestas a que nosotros les digamos la verdad, aun cuando ellos no quieran oírla? Esa gente en nuestra vida, ¿tiene un enfoque espiritual, y si no, por qué escogemos frecuentarla cuando constituye una tribu negativa y degradante?

- *El destino de cada alma es presentar su óptima expresión creativa a la humanidad.* Nuestra alma, esa parte exclusiva, tímida y tranquila de nosotros, contiene nuestro templo físico, nuestro cuerpo, de forma que nos permite expresar nuestro propio talento y habilidades. Nuestro mismo destino es decir *"sí"* a nuestra grandeza y dar un paso franco en el mundo, compartiendo y sirviendo a la humanidad según nuestra propia y exclusiva manera de ser. Simplemente, no seremos felices hasta que realicemos esto.

Al concluir mi presentación recibí un clamoroso aplauso, muchos panegíricos y agradecimientos. Mientras subía en el elevador al vestíbulo, pude gozar de un precioso momento de quietud.

"Está bien, Dios, tú ganas. Pongo mi voluntad a tus pies. Muéstrame dónde y ante quién quieres que yo sirva ahora. Hablaré, enseñaré y escribiré acerca de los principios de los propósitos de *tu* alma. Y gracias por haberme dado la oportunidad de hablar ante este latoso 'grupo hostil' tan fabuloso."

Las cosas no son siempre lo que parecen. Ahora sé que aquello a lo que nos resistimos en la vida es, con frecuencia, ¡nuestra mayor oportunidad de aprender y de crecer!

JODY STEVENSON

HOY MISMO CREA
TU PROPIO PARAÍSO

Cuando supe que mi tía favorita había muerto, quedé horrorizada. Su muerte me chocó porque mi madre acababa de escribirme diciéndome que estaba mucho mejor. Para empeorar las cosas, mi familia no me dijo que había fallecido hasta una semana después, porque yo estaba fuera y "no querían preocuparme". Eso agravó mi pena. Cuando finalmente me enteré, durante días lloré mucho, como si quisiera elevar a mi tía Bea, más y más hasta el cielo.

Una noche, durante este periodo de luto, tuve un sueño. El sentimiento era tan fuerte y la visión tan vívida, que todavía hoy puedo sentirla y verla. En el sueño me encontraba yo en el paraíso, frente a una preciosa cabaña estilo inglés enclavada en un estupendo jardín, con una vereda de piedras que conducía a la entrada principal. La casa en sí estaba cubierta de rosas con una reja de estacas blancas a su alrededor.

Ahí estaba yo, de pie junto a la reja. La escena era muy tranquila y yo sentía una gran paz interior como nunca antes; era total y no deseaba que me abandonara.

De la nada, surgió una figura frente a mí que irradiaba la misma paz increíble. Le pregunté: "¿De qué se trata todo esto?"

Su respuesta realmente me sorprendió: "Bienvenida", dijo. "Tú también puedes quedarte, si así lo deseas, pero debes obedecer una regla."

"¿Cuál?", le pregunté.

"Sólo puedes usar palabras y pensamientos positivos acerca de todas las personas y todas las cosas", dijo. "Si no lo haces, quedarás fuera de aquí."

No me dijo a dónde iría, pero tenía el presentimiento de que ya lo sabía.

Me pregunté si podría disciplinar mi mente para ser positiva. Una cosa que sabía con seguridad es que yo quería esa tranquilidad más que nada en el mundo y que quería quedarme.

Estaba a punto de decir "sí", cuando me desperté.

El impacto de esta experiencia fue tan fuerte que lo recuerdo como si hubiera ocurrido ayer. Al auditorio que me escucha le digo: "Piensen en lo que sería la vida si sólo usáramos palabras y pensamientos positivos."

La verdadera pregunta es: "¿Tenemos el poder de crear el paraíso en la tierra?" Yo *sé* que sí. Podemos hacerlo juntos, pensamiento tras pensamiento.

CHRISTINE HARVEY

TÚ ERES MI HERMANO

¿*P*uede el amor disipar al mal? ¿Puede la paz vencer a la guerra?* Siempre aseguré que sí, al tomar la senda de la moral elevada. "El amor y el perdón están bien y son buenos", me discutían algunos amigos, "pero, ¿en qué lugar se encuentran si estás siendo atacado?" Yo continuaba insistiendo en mi creencia de que el amor tiene un lugar y un poder del cual es posible que no siempre tengamos conciencia.

No hace mucho, mientras asistía a una conferencia médica en Filadelfia, regresé a mi cuarto de hotel para refrescarme antes de ir a una reunión del comité ya tarde en la noche. Eché llave a la puerta y pasé al baño. Me peiné rápidamente y me incliné sobre el lavabo para lavar mi cara. Al cerrar los ojos y echar agua fresca a mi piel, instintivamente supe que no estaba sola. Me incorporé rápidamente y pude ver en el espejo una mano que se extendía y jalaba la cortina del baño tras de mí. Tambaleándome, apenas si tuve tiempo de reaccionar antes de que un hombre vestido con ropa militar saltara de la ducha y me sujetara contra el lavabo. Grité, al tiempo que él agarraba mis brazos con una mano y empezaba a cerrar la puerta del baño, con la otra.

Me sujetó y, repentinamente, nos vimos cara a cara. Al mirarlo me di cuenta de que nunca podría ganar esta guerra de fuerzas contra él. En ese momento, pareció como si mi mente y mi cuerpo partieran en direcciones diferentes. Con mi corazón latiendo salvajemente, continué gritando. Sin embargo, otra parte de mí sentía una extraña paz y comencé a hablarle mentalmente. Fijando mi mirada a la suya, repetí en mi cabeza, una y otra vez, la frase: "Esto debe ser un error. Tú eres mi hermano. Entre nosotros sólo puede haber amor. No me puedes lastimar. Esto es un error, eres mi hermano. Entre nosotros sólo puede haber amor. Esto es un error . . ."

"Esto es un error", dijo repentinamente. Me soltó y lentamente se echó para atrás. Moviendo la cabeza como si estuviera mareado, repitió: "Esto es un error." Dio media vuelta y salió por la puerta.

KATHI J. KEMPER

EL VIAJE A CASA

Nuestro destino es Troyes, una ciudad en la región de Champagne, a unos 90 kilómetros de París. Miro por la ventana del tren, teniendo las manos bien agarradas al paquete que llevo sobre el regazo. Mi esposo Tom, y yo, traemos a casa las cenizas de mi madre.

En junio pasado, hace 11 meses, llevé a mamá al médico para su revisión mensual. Como siempre, estaba en excelentes condiciones. Tomaba su medicina para la diabetes y sus píldoras para la presión arterial. Ni fumaba ni bebía, seguía una cuidadosa dieta, y a la edad de 77 años, parecía probable que viviera 10 ó 20 años más. Entonces, ¿por qué hablamos de la muerte después de la comida?

Yo estaba lavando los platos, en la cocina. Sólo Dios sabe cómo salió a relucir este tema, pero mencioné que cuando yo muriera, me gustaría que me cremaran. Mamá, que secaba los platos, irguió la cabeza al meditar sobre esto.

Repentinamente, dijo: "Quizás, a mí también me gustaría."

"¿De verdad, y por qué?" Me interesé por su opinión y se me ocurrió que nunca antes habíamos discutido esta parte de la vida. La respuesta de mamá fue típicamente francesa: realista y sensata.

"Pues, al comienzo parece repugnante, pero también lo es que te entierren. Ser cremada es higiénico y, ¡es barato! En el programa 20/20, vi cómo te sacan dinero las funerarias. Y no quiero que gastes dinero en mí después que muera." Nos reímos. En ese momento, la perspectiva de que ella muriera parecía muy lejana.

"¿Y a dónde te gustaría que pusiéramos tus cenizas?", le pregunté, sabiendo ya la respuesta.

"¡En Francia!", exclamó. "En el patio de mi casa." Hacía 50 años que mamá había llegado a Estados Unidos como una novia de guerra; admiró su patria adoptiva y era una orgullosa ciudadana de este país. Pero la sangre gala fluía por sus venas, y permaneció siendo francesa de la cabeza a los pies.

Entonces, pareció tener dudas. "¿Puedes llevar las cenizas a Francia? ¿Es legal?"

"Oh, claro que sí", prometí superficialmente, sin saberlo con certidumbre, pero ¿a quién le importaría? Si era lo que ella quería, eso haría, algún día muy lejano.

¿Cómo podíamos saber que, un mes después, aparecería un tumor en su hígado? Y muy pronto estaba tan débil que no podía cuidar de sí misma, pues la quimioterapia había reducido su ya pequeño cuerpo, a sólo 36 kilos.

Seis meses después, falleció.

Soy terapista de profesión y pensé que comprendía el duelo, pero ahora aprendí de primera mano la conexión que existe entre una madre y una hija. Sea cual fueren los otros amores que se tengan en la vida, cuando la madre muere, nuestro mundo se viene abajo. Durante semanas viví aturdida, perdida, desarraigada y espantosamente sola. Todo esto, a pesar de tener un marido y amigos amorosos. Me di cuenta de que yo contenía un suministro inacabable de lágrimas y me preguntaba si llegaría el día en que volviera a sentirme bien.

En el tren, estoy inquieta y de mal humor. Sujeto la bolsa con las cenizas, envuelta en una pañoleta de seda que ella trajo de Francia, hace seis años. A mi lado hay un plano de la ciudad de Troyes, mi cámara y un rollo extra, más los Kleenex, muchos de ellos.

Continuamente recuerdo mi última visita a este lugar para ver a las hermanas de mamá y lo bien que la pasamos. Siento las lágrimas amontonándose en mis ojos cuando me imagino dejando volar las cenizas. Mantengo los ojos fijos en las escenas que pasan, con la determinación de no pensar más. No hay necesidad de sentirse así más de una vez.

La calle Lachat es un pequeño y polvoso callejón sin salida. Caminamos hasta el final, donde hay una pequeña casa que fue propiedad de la familia de mamá por más de cien años. Ahí podemos ver el poste pintado de verde, con la pintura descascarada. La reja está asegurada con alambres.

Hace más de 20 años que mis tías vendieron la casa a la ciudad y desde entonces ha estado vacía. La última vez que vinimos, no nos atrevimos más que a estudiar la propiedad desde afuera.

Tom desata el alambrado con facilidad y cruzamos la reja. A nuestra izquierda, una barda de piedra de por lo menos seis metros de altura rodea la propiedad. Un largo sendero serpentea al lado de la reja. Lo seguimos hasta el final. Una puerta de madera que conduce al jardín, es el punto final. Subiendo la tranca, la empujamos y entramos al patio trasero de mamá.

Es un oasis, reverberando en el sol. Todo es de un verde pálido, con sus nuevas hojas de primavera, tiernas y brillantes. Demasiado crecidas, una mezcolanza de hiedra, mala hierba, florecitas amarillas y árboles frutales ya silvestres.

Toda mi vida escuché acerca de este patio. Camino lentamente a través de todo ese verdor, tocando las plantas y acariciando las manzanitas que se forman en los árboles. Silencio, excepto por los pájaros y el soñoliento murmullo de una abeja.

Mi cabeza zumba, llena de mi madre. Ante los ojos de mi mente, veo sus pequeñas manos haciendo gestos, sus ojos chispeantes y su amplia y cándida sonrisa. Su voz, con su exquisito acento, se oye claro en mis oídos.

"A tu abuelo le encantaban los pájaros. Acostumbraba sentarse en su silla en el patio, con su pata de palo sobre un banquillo, y los gorriones venían a sentarse sobre ella."

"Tu abuela podía cultivar cualquier cosa. Todos los vegetales que consumíamos ella los había plantado. Durante la guerra, lo único que comíamos eran nabos, pues los nazis confiscaban todo lo demás. ¡Tuvimos suerte de que no les gustaran los nabos!"

Así pues, aquí estoy. Aquí, en el lugar de toda una vida llena de historias. Mi hogar ancestral. Soy la cuarta generación, la última por el lado materno.

Finalmente, me arrodillo, abro mi bolsa y saco la preciosa carga.

"Bienvenida a casa, mamá", dice Tom.

"Prometí que te traería", digo en un susurro, llorando un poco, nada más.

Hago un hueco en la bolsa que contiene las cenizas y vierto un poco del polvo en la tierra. Se esparce ligeramente y cae en las pálidas hojas verdes. Observo, fascinada. Así, tan rápido, se convierte en parte del paisaje, parte del patio. Y entonces, mi deprimido estado de ánimo, se evapora. Durante meses he estado temiendo este momento y ahora, está aquí, y no es horrible. De hecho, es maravilloso. Ella está aquí, está en casa. Puedo sentir a mamá sobre mi hombro, alentándome: *¡tegminemos con esta tagea!*

Repentinamente y contenta, me levanto, salgo del recinto y me apresuro por el sendero hasta la reja. Esparzo algunas cenizas en el poste, otras tantas por el buzón y muchas más en el sendero mientras regreso al jardín. Como si fuera "Campanita", de 42 años, esparciendo su polvo mágico por todos lados.

"Mami, ahí estás por todas partes", digo con alegría.

Llena de felicidad y contento, la siento sonriendo detrás de mí. Siento a mis tías, a mis abuelos y a mi bisabuela riéndose por mi actuación. Me están diciendo: la muerte no es eterna. Nosotros sí, y tú también.

En medio del jardín, sostengo la bolsa derecha, frente a mí, y comienzo a girar, lentamente, formando un círculo. Una brisa repentina toca la bolsa, alza las cenizas, las empuja y las hace revolotear a mi alrededor en una niebla de plata.

"*¡Au revoir, Maman!*", grito.

"*¡Bon voyage!*"

"*¡Je t'aime!*", grito más. ¡Te quiero!

Las cenizas danzan en la brisa. El sol quema sobre mi cabeza. Estoy riendo y, dentro de mí, me siento más ligera que el aire.

MARIE HEGEMAN

MÍ, YO MISMA Y YO

Si alguna vez deseas descubrir realmente tu propia fuerza y valía personal como mujer independiente, intenta viajar sola a una ciudad que no conozcas.

Hace poco fui a Minneapolis para asuntos de negocios. Yo, que casi soy nativa de Texas y que nunca había experimentado temperaturas bajo cero. Varios amigos y la familia me habían prevenido acerca del frío que hace allá a mediados de enero, de lo peligroso que es estar a la intemperie y de cómo se me caerían las orejas si me quedaba en el frío por más de un minuto. Claro que sí los escuché, pues siempre estoy lista para aceptar los consejos de aquellos que tienen más conocimiento que yo.

Por otro lado, si pasaba todo mi tiempo libre en el hotel, nunca llegaría a conocer esta bella ciudad. Así pues, el segundo día en las Ciudades Gemelas, me fui a las afueras, a unos 20 minutos de mi hotel, para visitar a un sacerdote que había pertenecido a mi iglesia. Por supuesto, me perdí, al igual que cualquier turista en una ciudad extraña, cuando lleva la dirección equivocada.

Sin embargo, descubrí Hopkins, Minnesota, una de las ciudades más pintorescas que haya visto. Hopkins es verdaderamente una mezcla de suburbio y de pueblo pequeño y, lo que es mejor, nevó durante toda la hora que pasé buscando la iglesia. Siempre quise vivir en un lugar donde nevara en Navidad y aun cuando ésta ya había terminado, me hice a la idea de que estaba dirigiéndome al hogar familiar para pasar las fiestas en una casa cubierta de nieve con un patio cubierto también.

Esa tarde, después de haber encontrado la iglesia y de haber ido a almorzar con el sacerdote y su familia, quise echar un vistazo al Centro Comercial América. Dado que soy de Dallas, estoy acostumbrada a estos enormes centros, pero éste era tres veces más grande. Posiblemente, fue una de las aventuras más divertidas que haya tenido en mi vida. Al estar sola, podía caminar tan rápida o tan lentamente como quisiera, podía detenerme en cualquier tienda y quedarme en ella todo el tiempo que deseara. Terminé pasando tres horas completas allá para luego decidir que ya era hora de irme sin tener que preguntarle a mi acompañante si estaba de acuerdo o no.

No me mal interpreten. Me encanta pasar el tiempo comprando o jugueteando con amigos y familiares, pero ésta era una oportunidad para estar conmigo misma y descubrir hasta qué punto soy divertida como acompañante.

Verán, si hubiera tenido mucho miedo de la nieve, del hielo y de las temperaturas bajo cero, nunca habría descubierto el calor y la belleza de esta maravillosa ciudad, o mi capacidad para ir por ahí sin que nadie me ayude. La próxima vez que vaya, sin embargo, trataré de hacer mi reservación para junio.

STEPHANIE LAURIDSEN

UN MODELO
PARA LA VIDA

Un día, a finales del verano, cuando tenía yo 11 años, mamá y yo pasamos la mañana en una agotadora jarana de compras para la ropa que necesitaba al regresar a la escuela, cosa rara, puesto que mamá tenía una enfermedad crónica y, con frecuencia, no se sentía muy bien como para pasarse un día en estos menesteres. Pero ese día en particular parecía estar llena de energía, igual que yo.

Me invitó a comer en el restaurante de una de las tiendas departamentales. Al entrar, me di cuenta de que había unas elegantes chicas modelando lo último de la temporada y pasando de mesa en mesa. Ya que ésta era la época pico para comprar ropa escolar, pregunté en voz alta por qué no lucían modelos para chicas preadolescentes o adolescentes.

Impresionada por mi idea, mamá me alentó a decírselo a alguien y para la hora del postre me había convencido ¡no sólo de que mi idea era estupenda, sino que yo debería ser una de las modelos!

Me sentí emocionada y asustada. Su estímulo me dio confianza y, de hecho, comencé a creer en mi idea y en mí misma. El entusiasmo de mamá no paró ahí, pues me persuadió para que hablara con el gerente de la tienda. Aun cuando sentía un pellizco en el estómago, ¡estaba lista para solicitar mi primer empleo!

Debo decirles que yo no era una versión esbelta preadolescente de Brooke Shields. Por el contrario, era bajita, algo gordita, usaba gafas y tenía pecas. Quizás graciosa pero, de ninguna manera, material de modelo clásico. Sin embargo, la actitud tranquilizadora de mi progenitora me había convencido en ese momento que yo era bella y capaz.

Cuando las puertas del elevador se cerraron para llevarnos a las oficinas del gerente, dudé nuevamente y pregunté: "¿Realmente crees que es una buena idea?"

En ese momento, mi madre me dijo unas palabras que, con frecuencia, vuelven a mí. Palabras que han cambiado el curso de mi vida más de una vez. "¿Qué tienes que perder? No estarás peor si dice que no y ¡quizás, sólo quizás, dirá que sí!"

Así pues, con este nuevo enfoque e inspiración, procedí. Cuando se abrieron las puertas, caminé derecho al escritorio de la secretaria y pregunté por el gerente de la tienda. Dudó por un momento, pero luego dijo a su jefe que yo quería verlo. Poco después, fuimos guiados a su despacho. Al sentarme frente a su escritorio, le expliqué, con seguridad, que él tenía la oportunidad de vender más si mostrara las modas escolares para preadolescentes y adolescentes en esta época del año. Me escuchó cortésmente y con interés. Cuando le dije que yo quería modelar, me dio una solicitud de empleo y dijo que tomaría en cuenta mis sugerencias.

Aunque jamás me llamó, al verano siguiente, ¡la tienda sí buscó modelos adolescentes para presentar la ropa escolar en un restaurante! A decir verdad, no me importó que no me seleccionaran, pues yo ya tenía mi recompensa. Mamá me dio un regalo que me ha durado toda la vida. Aunque ella murió unos cuantos años después, cuando yo tenía 15, su espíritu siempre me acompaña cuando tengo que encarar situaciones amenazantes.

¡Mamá me enseñó que era seguro arriesgarse, el creer en mí misma y, lo más importante, el pedir lo que yo desee!

JOEANN FOSSLAND

VII
MOMENTOS
DE VERDAD

"La verdad es el único piso sobre el cual podemos sentirnos seguros."

—Elizabeth Cady Stanton

TODOS ESTAMOS CONECTADOS

*C*uando estaba en el primer año de universidad en Minnesota, tomé unas vacaciones muy necesarias en México. Estaba cansada, con el cansancio que sólo nos da el ser mesera de tiempo completo durante la noche mientras que se estudian 17 créditos al trimestre. Me fui sola, dejando atrás al novio y a los libros, en medio de las ventiscas de nieve. No quería conocer a nadie, no quería ir a fiestas. Ni siquiera quería hablar. Sólo quería mirar fijamente. Sentarme en la playa y observar las olas. Quizás visitar algunas ruinas y mirarlas de igual manera.

Así que, cuando me encontré, una y otra vez, con el mismo gringo por toda la península de Yucatán, lo ignoré. Tomé el ferry a Isla Mujeres para observar los peces fosforescentes y, de casualidad, él se encontraba con el grupo que esperaba para tomar el bote de regreso a tierra firme. Lo vi entre los puestos del mercado en Mérida, donde vendían sarapes y pulseras de plata. Sabía que no me estaba siguiendo, y sabía que debía de haberse dado cuenta de mi existencia, de la misma manera que yo no había podido evitar verlo. Sin embargo, por la necesidad que yo tenía de descansar y de estar lejos de la gente, evité el contacto visual con este gringo entrometido.

Después de haber trepado por todas las ruinas de Tulum, me subí a un autobús repleto de gente, para el regreso. Logré pasar por el pasillo hasta la parte de atrás y divisé un pedacito de asiento en el que ya había dos personas. El vehículo avanzó y yo me hundí profundamente en mis pensamientos. Aun cuando, por días, había estado rodeada de gente desconocida, me di cuenta de que, de alguna manera, todos estamos conectados. En ese momento, miré hacia arriba, para ver que el que estaba sentado a mi lado, ¡era nada menos que el gringo!

Dejamos de intentar el ignorarnos. Obviamente, era el destino. La conversación surgió con facilidad, puesto que habíamos decidido convertirnos en amigos instantáneos. Llegamos a Cancún en un alegre estado de ánimo y nos dirigimos a una agradable cantina con luces de colores y cocoteros.

Después de una buena cena, de haber compartido el flan y de haber tomado dos tazas de café, el gringo me dijo, repentinamente: "Oye, ¿cómo te llamas?" ¡Ni siquiera sabíamos nuestros nombres! "Jean Wenzel", dije. Una extraña expresión apareció en su rostro. "¿Qué?", preguntó, aun cuando yo estaba segura que me había escuchado. "Jean Wenzel", dije nuevamente, pronunciándolo muy bien.

Se me quedó mirando. Yo lo miré de vuelta. Finalmente, para romper con el hechizo que, aparentemente, lo tenía cautivado, pregunté: "¿Y cuál es el tuyo?" No me respondió, pero metió la mano en su mochila, sacó su billetera, la abrió y me mostró su licencia de conducir. Así es, realmente estamos conectados. Su nombre era Gene Wensel.

JEAN WENZEL

EMPAREJANDO ESCRITURAS

*É*ste no había sido un día común y corriente para mí. Miré los números iluminados del reloj en su inexorable avance hacia las tres de la mañana. Mi esposo, Harold, ni siquiera se daba cuenta de mis vueltas e inquietud, pues era imposible que se imaginara la ansiedad que me embargaba.

Normalmente, no me preocupan las cruzadas en las que me meto, pues mi experiencia en la escritura se convierte en un entretenimiento y las conferencias que doy son, con frecuencia, amenas e informativas. Juego el papel de una comediante infalible.

En este día en particular, teníamos más de 200 personas apiñadas en el auditorio. Acostumbrábamos escoger una pareja al azar y divertirnos un poco con ella. Hoy me encontraba de vena y los asistentes estaban conmigo.

Si veo algo de mal agüero cuando hago los análisis de la escritura, intento restarle importancia. Siempre he creído que antes de hacer un retiro, debes de hacer un depósito.

Amanda y Paul estaban comprometidos para casarse próximamente. Viajaban con sus padres en este crucero y fueron ellos los seleccionados para hacerles el análisis de escritura.

Su futuro, según me dijeron, dependía de lo que les dijera, no sólo por el compromiso para toda la vida que pronto contraerían, sino por la nueva casa de sus "sueños" que se alistaban a construir y que acentuaría su estilo de vida individual.

Inmediatamente, me di cuenta de que algo andaba mal. La escritura de Amanda era muy grande y cubría toda la página. La forma en que uno llena el espacio del papel es igual a la manera que llena tu espacio en la vida. La barra de las *tes* estaban muy a-rriba, más allá de la *t* y volando por toda la página. Era una romántica, una soñadora de castillos flotando en las nubes. Para ella, el día no tenía suficientes horas y contaba con una gran cantidad de energía desparramada.

Por otro lado, la escritura de Paul era pequeña, clara y concisa, lo cual me indicó que era muy centrado, orientado a los detalles y meticuloso. Cada punto de la *i* estaba colocado directamente arriba de la vocal, y cada barra de la *t*, estaba en el centro de esa consonante.

Era obvio que Amanda necesitaba gente a su alrededor y que Paul necesitaba espacio, aun cuando gozaba con la presencia de amigos íntimos.

¿Debería hacerles ver que no eran compatibles, o debería ponerme romántica y decirles que no se preocuparan por las diferencias y que los opuestos, en la mayoría de los casos, se atraen entre sí?

¿Hice lo correcto? El análisis de la escritura no es la respuesta a todos los problemas. Es, simplemente, otra técnica para evaluar si hay o no conflicto. Tomé el camino romántico y les dije que estaban hechos el uno para el otro: que siguieran con sus planes y construyeran la casa de sus sueños.

Podrían equilibrarse entre sí, pensé. Amanda daría a Paul emoción y espontaneidad. Paul mantendría a Amanda con los pies en la tierra y daría la estabilidad necesaria.

He tenido la oportunidad de analizar la escritura de miles de personas durante 20 años, pero cuando conocí a esta pareja, sentí una cercanía hacia ellos y supe que nuestros caminos volverían a cruzarse algún día.

Pasaron los meses; tenía curiosidad por saber cómo les había ido. No tenía por qué preocuparme. Mis desvelos e inquietudes no sirvieron de nada, pues recibí una carta (me creerían si les dijera que el sello de correos decía Sugar Notch [Desfiladero de Azúcar], Pennsylvania) de Paul y Amanda con una foto de su casa. Se les veía muy, muy felices, al igual que el nuevo miembro de la familia, una nena llamada Alice Stefanie Wilson. A.S.W. son mis iniciales.

ALICE STERN WEISER

DESDE EL CORAZÓN

A la edad de 28 años, como nueva mujer de negocios con un título recién obtenido de licenciatura en artes y letras, ¡creía que todo lo sabía! Ascendí rápidamente desde mi primer puesto en una compañía corporativa de importancia. Pronto me vi dirigiendo a más de 600 mujeres.

Había aprendido muy bien cómo administrar números, aumentar beneficios y encontrar nuevas colocaciones en el mercado. Pero lo que no había aprendido en la escuela de administración era el elemento humano: cómo ser un líder y no sólo un administrador de la gente.

Un aspecto clave de mi papel era dar discursos a nuestros empleados en reuniones semestrales. Hablar en público me aterrorizaba, pues no tenía ni idea de qué podía decir que fuera de interés para cualquiera. Y a estas reuniones asistían 400 asociados. Número intimidante.

Mi jefe, un caballero de mediana edad, me instaba a que hablara de lo último en el negocio. Para aminorar el daño a mi psique, me preparaba y ensayaba los discursos. Así, llegué a dominar los números: nuestra rentabilidad, la dirección que tomaba el negocio, nuestro ingreso a nuevos mercados.

En una de estas reuniones yo había preparado mi ponencia, hecho el ensayo requerido frente al espejo y puesto mis tarjetas en orden para consultarlas sin perder tiempo. Estaba lista o, al menos, eso creía.

Subí al estrado y comencé la charla. La gente comenzó a dispersarse. Escuché una voz interior que me decía: "¡Esto no les gusta nada! ¡Todos están pensando a qué hora terminará todo esto y cuándo servirán el almuerzo! ¿Por qué das siempre estos discursos cuando sabes que no funcionan?"

Alcé la vista de mis notas para mirar a las mujeres sentadas en primera fila. ¡Por supuesto que parecía que estaban sin vida! Me detuve y las vi por primera vez (al menos, a las que me atreví a mirar directamente a los ojos). Tomé una rápida decisión: hice una bola de papel, ruidosamente, con mi discurso, la arrojé por sobre mi hombro y dije: ¡Al diablo con esto! El auditorio quedó sorprendido, al igual que yo.

Habiendo hecho esto, muy dramáticamente volví a ver a los presentes. ¿Qué iba a decir ahora? ¡Todavía me quedaban 15 minutos de presentación! Después de unos cuantos momentos de ansiedad, dije: "Hablemos de cómo estamos y qué vendrá después. Llevamos un año fantástico y ¡deberíamos de estar celebrando!"

Continué hablando acerca de lo que habíamos logrado, de lo que yo soñaba para nuestra organización y cómo, todo juntos, ¡podríamos hacer cualquier cosa que se presentara! ¡El discurso causó sensación!, pues en lugar de dirigirme a ellos, hablé con ellos.

Ése es un día memorable para mí. Aprendí que, para tener éxito con la gente, especialmente con las mujeres, se debe uno relacionar a un nivel humano. Lo que uno *sabe* no es tan importante como establecer la confianza y permitir que los otros nos conozcan. Era necesario que se dieran cuenta de quién era yo, qué era lo que yo valoraba y cuánto me preocupaba, antes de poder ganarme su compromiso y su entusiasmo. A esto lo llamo ahora "Liderazgo desde el corazón".

Unos cuantos años después, nuevamente hablé con el mismo grupo. Al haber progresado de forma significativa en mi empleo, decidí que ya era hora de dar la cara a nuevos desafíos. La persona que había preparado para mi puesto, ya estaba lista y, en esta ocasión, tenía que presentarla.

Al finalizar mis comentarios, cada uno de los asistentes se fue poniendo de pie y así, recibí ¡mi primera ovación de pie! Me di cuenta, entonces, de lo mucho que mis asociados me habían enseñado acerca del liderazgo. Un verdadero líder se comunica con la gente. Un verdadero líder permite que otros conduzcan, les da a otros el poder para alcanzar el éxito y los dirige desde el corazón.

También aprendí lo asombroso que es cuando la gente está verdaderamente "dispuesta a hablar" entre sí, ya sea con un auditorio de 400 personas o con un solo amigo.

HOLLY ESPARZA

"La verdad desnuda es siempre mejor que una mentira muy bien vestida."
—Ann Landers

MI MARINERO

Una amiga y yo, ambas en ese entonces sin marido y con ganas de relajarnos, nos aventuramos a un club de baile donde tocaban rock'n'roll de los sesenta a comienzos de los ochenta.

Nos quedamos atrás para observar la actuación, tanto de los danzantes como de la orquesta. Absorta por esta atmósfera, no me había dado cuenta del hombre joven parado junto a mí, hasta que me invitó a bailar.

Su nombre era Terry y servía como primer piloto en un barco de dragado que, en ese momento, se encontraba anclado en las orillas del río Columbia. Marino mercante, disfrutaba del lujo de trabajar una semana a bordo y una semana en tierra. Al platicar, me di cuenta de que había una afinidad espiritual entre los dos, puesto que gustaba leer obras como *El camino menos recorrido,* de M. Scott Peck, e *Ilusiones,* de Richard Bach. Durante toda la velada discutimos sobre el poder del pensamiento positivo, del potencial creativo que todos poseemos y de la unidad de la humanidad. Desde luego, una conversación poco común para un bar. Sin embargo, nos dimos a entender que ninguno de los dos deseaba una relación comprometida pero sí compañía. Ambos mentimos.

Admiré su figura: alto, de 1.87, con excelente físico, moreno, mucho pelo, ojos almendrados castaño oscuro y un aura exótica como resultado de su herencia holandesa e indonesia. Me lo imaginé posando para una revista de machos, en lugar de tenerme entre sus brazos en la pista de baile. Esa noche abandoné el club enamorada.

Al día siguiente conoció a mis tres hijos y me derretí al ver su compenetración con ellos. Momento a momento, aumentaba su potencial para ser una buena pareja, pues ya había hecho una lista de posibles atributos, además de los físicos, como el afecto mutuo entre él y mis niños, y el tener una filosofía espiritual similar a la mía. Más adelante, tuve oportunidad de descubrir un alma profundamente compasiva, un interlocutor atento y un sabio ser humano. La extensión de sus atenciones y bondad me tomó por sorpresa, pues cuando llegaban los cumpleaños de mis hijos, les daba un regalo a ellos y a mí también: "También es un gran día para ti", decía. "Éste es el aniversario del día que trabajaste para traerlos al mundo." Su amor incondicional hacia mí lograba mi desarrollo espiritual.

Los cuatro años que salimos juntos me mantuve alerta para ver cuándo emergería su lado oscuro, pero lo único de él que no me gustaba era que ponía la cara demasiado cerca al plato cuando comía, un hábito de marinero: si no asía bien su "papeo", su plato podría aterrizar en los pantalones de un compañero, especialmente en mar abierto. No era verdaderamente un defecto, pero sí lo único que salió a la superficie.

Sin embargo, algo grande anidaba en nuestras almas. Una diferencia irreconciliable que ambos ignoramos. Terry era 11 años menor que yo. A su edad, yo ya me había casado, había tenido tres hijos, poseía una casa y había sobrevivido un divorcio. Ya había vivido una vida que a él, todavía le quedaba por vivir. Nunca mantuvo en secreto que le encantaban los niños o su deseo de ser padre. Se hizo voluntario para las celebraciones para los niños de nuestra iglesia, se unió a un programa de Hermano

Mayor, y visitaba su hogar en Carolina del Norte, tanto para jugar con sus sobrinos como para ver al resto de la familia. Yo, por mi lado, dejé bien claro que no deseaba más bebés. De esto estaba convencida después de haber criado tres hijos sin ningún apoyo.

Ninguno de los dos deseaba darle la cara al problema y dábamos vueltas a su alrededor, en puntillas. Después de todo, encajábamos, nos sentíamos cómodos, felices y enamorados. Pero siempre, muy adentro de mí, no podía soportar la idea de que renunciara a su paternidad para permanecer junto a mí. El día de San Patricio, en 1985, mientras ambos llorábamos sentados en el bar Paddy, le dije adiós. Acordamos continuar apoyándonos emocionalmente hasta que descubriéramos nuestros respectivos compañeros perfectos. El suyo llegó antes que el mío. Antes de un año, conoció a Rita, una joven estudiante irlandesa en la carrera de educación temprana. Una pareja muy apropiada. Demasiado apenada para asistir a la boda, puse mi amor y mi persona en un avión rumbo a San Francisco, para visitar a mi hija.

Después de su matrimonio, entré y salí de varias relaciones insignificantes. Ocasionalmente, lo veía con Rita en la iglesia, pero trataba de evitarlos. Con sólo mirarme una sola vez a la cara, Rita se habría dado cuenta de que yo seguía amando a su esposo. No había necesidad de que lo supiera, y me decía a mí misma que las verdaderas relaciones son eternas. Mantuve su recuerdo junto a mi corazón y pensaba que, quizás algún día, volveríamos a encontrarnos, en otra vida.

Los domingos en la iglesia, era mi deber tratar de controlar el ruido durante el rato de meditación del ministro, empujando a los ruidosos niños y a sus padres hasta el salón familiar. Un domingo, escuchando a un lloroso chiquillo delante de mí, puse la mano sobre el hombro de su padre. Los ojos de Terry me miraron. Ninguno de los dos habló. Lentamente, se incorporó para darme la cara y extendió sus brazos ofreciéndome a su nena. Excepto por el pelo rubio, era Terry en persona. La sujeté junto a mi corazón arrullándola y tranquilizándola. "Podrías haber sido mía", susurré en su oído. Las lágrimas corrían por mis mejillas, humedeciendo su cobija. Cuando Terry y Rita se levantaron para cantar, les devolví a su hija y en la oscuridad de la iglesia permanecí segura que mi chorreado maquillaje no me había delatado. Los suaves ojos de Terry me miraron por largo rato. Permanecimos en silencio. Luego, volvió a poner atención a su familia y a la misa. Calladamente, salí del salón para llorar por este capítulo final de nuestra historia de amor.

Unos cuantos años después, conocí y me casé con la pareja de mi vida. Pero ese día, en que el rostro de Terry irradiaba al ofrecerme su hija, me convenció de que había hecho la elección correcta. Sólo podía agradecer a Dios por haberme enseñado la verdad acerca del amor incondicional. En ocasiones, es mejor amar a la distancia . . . en otras, significa dejar ir.

LINDA ROSS SWANSON

*"Amar lo que haces y sentir que es importante,
¿cómo puede algo ser más divertido?"*
—Katharine Graham

LA RETROALIMENTACIÓN
ES UN REGALO

Mi trabajo de capacitación me lleva a una gran variedad de escenarios corporativos, desde instituciones financieras chapadas a la antigua hasta fabulosas firmas del mundo de la comunicación. En mis talleres he podido observar una gran variedad de maneras por las cuales hacemos que nuestras vidas profesionales sean más difíciles de lo necesario.

Una compañía de tecnología donde fui consultora, operaba en un mercado altamente competitivo en el que la llave para el éxito radicaba en la velocidad y en la integridad del producto.

Tanto internamente, como los clientes por fuera, estaban bajo una tremenda presión y los empleados necesitaban la ayuda y la retroalimentación de los otros para poder producir. Desafortunadamente, la atmósfera prevaleciente de temor, enojo y paranoia general, hacía difícil dar y más difícil obtener.

Y ahora, tenía a diez participantes alrededor de la mesa para una sesión sobre "Cómo dar y recibir retroalimentación".

Yo había preparado mis animadas dos horas de costumbre con ejercicios, ideas, sesiones con grupos pequeños, listas en el rotafolio, etc. Mi estilo profesional es estar muy preparada en el momento preciso y firme en el control.

Comenzábamos solicitando a los presentes que expresaran sus sentimientos acerca de si la retroalimentación funcionaba o no en su medio de trabajo. Era evidente que no. La gente estaba fastidiada y amargada en este punto, y aun cuando cada uno quería recibir mejor trato, les era difícil expresar la manera como debía de tratarse a los otros.

Introduje un ejercicio que había leído. Cada participante escribía su nombre en la parte de arriba de una hoja de papel, luego los papeles se pasaban por toda la mesa, hasta que cada uno hubiera escrito una frase de retroalimentación positiva ("Algo que admiro, o me gusta, o aprecio, o respecto, o valoro acerca de lo que uno hace"), en el papel de cada uno de los otros.

Hasta aquí, íbamos bien. Se devolvieron los papeles, y cada uno tenía su hoja enfrente, con la lista de ideas positivas que sus colegas habían escrito.

Respiré profundamente. "¿Quién sería el voluntario para que su papel pasara a todos nuevamente? Sólo que esta vez, los autores leerán en voz alta lo que escribieron y pueden hacer más comentarios sobre lo dicho, si así lo desean. Todo lo que necesitan hacer es permanecer sentados, escuchar y decir, gracias. De hecho 'Gracias' es lo único que pueden decir. ¿Algún voluntario?"

Silencio. Sillas reclinadas hacia atrás. Ojos apartados. Garabateos en papel. Risitas nerviosas. "Yo no." "De ninguna manera." "Yo no seré el primero." Miradas perdidas a la distancia. El salón estaba tan lleno de tensión que parecía cortar nuestro abastecimiento de aire.

"Un momento, amigos", comenté. "Esto es bueno. Se trata de retroalimentación positiva, ¿recuerdan? Esto es lo que realmente quieren oír."

Finalmente, un dubitativo voluntario echó su papel al ruedo. "Está bien, vamos." Hizo una mueca y cruzó los brazos como señal de autoprotección.

Comenzó torpemente, con interrupciones, y gradualmente mejoró. La gente escuchó de sus colegas palabras de agradecimiento, de aliento y de elogio. Todo, desde "Aprecio que siempre digas buenos días cuando entro", hasta "Admiro la forma en que logras sacar ases de la manga cuando estamos en reuniones con clientes".

Comenzaron a mirarse, unos a otros, directamente a los ojos. Los que leían, comenzaron a elaborar más sobre lo escrito, expandiéndose en comentarios cada vez más largos y sinceros. Ahora, estaban ansiosos por leer. Un enorme vacío en la habitación que casi no se había percibido momentos antes y que casi no habíamos notado que necesitaba llenarse, comenzó a llenarse, lentamente, con buena voluntad. Y a medida que ese vacío que ni siquiera habíamos reconocido como tal (era sólo "cultura corporativa", "así son las cosas") comenzó a cambiar, también se transformó el lenguaje corporal. La respiración se hizo más profunda y la energía en el cuarto se hizo más lenta, más amplia, más incluyente y fluyó generosamente hacia otros, en lugar de quedarse fuertemente adherida en el interior de cada uno.

Observé, sin hablar, las caras de los dadores y de los receptores de esta retroalimentación. Todos estaban radiantes. Y yo también me había emocionado por el inmenso cambio de energía. Dejé mi lugar en el estrado, descendí y me senté, callada, a un costado. Dejé de dar instrucciones, me saqué el reloj, bajé la voz y comprendí que era testigo de algo extraordinario. Ciertamente el resto del plan de trabajo del taller no iba a continuar según el horario establecido. Lo que ocurría frente a mí era demasiado importante.

Este día había creado su propio ritmo. La tremenda necesidad colectiva que todos tenemos de ser reconocidos y apreciados por nuestro trabajo se había apoderado de la escena, y los participantes se dejaban acariciar por las palabras de aceptación.

¡Qué lección tan poderosa aprendimos! Nuestras necesidades personales como individuos, pueden satisfacerse en ambientes profesionales de una forma que nos hará mucho más poderosos para realizar el trabajo. Todavía no ha llegado el día en que conozca a alguien que no trabaje mejor cuando se siente mejor.

O como Ray, uno de los participantes, me dijo unos días después: "Siempre pensé que la retroalimentación era algo que había que temer —parece que nadie tiene nada bueno que decir por estos lares—. Así es que creo que yo mismo puse trabas para cualquiera que quisiera hablarme. De cierta manera, me aislé de todo eso y, probablemente, no era el hombre más llevadero como compañero. Pero sí te puedo decir lo sorprendido que me quedé cuando escuché que los colegas se habían dado cuenta de mi trabajo y que, realmente, respetaban mi contribución. Eso me sacó de onda. De hecho, ahora veo todo de una manera completamente nueva y creo que la retroalimentación es un regalo."

Ni yo misma pude haberlo dicho mejor.

DIANE RIPSTEIN

el día de Halloween y me enorgullecí de su calcetín de Navidad, con las lentejuelas que tanto me había costado poner, colgando de la chimenea.

Desafortunadamente, a nosotras las mamás que nos quedamos en casa, con frecuencia no nos entienden. Me han preguntado: "¿Por qué estás malgastando tu vida y tu carrera quedándote en casa?"

Mi respuesta es simple: "Siempre puedo volver a enseñar, pero nunca puedo regresar a esos maravillosos días de la maternidad." Qué comentario más triste en una sociedad donde este trabajo debería de defenderse como lo más importante de todo.

Hace ya seis años que tomé esta decisión. Igual de especial es ahora ver dos calcetines colgados (¡sí, con lentejuelas y todo!) en la chimenea y la galería de disfraces que he creado desde aquel día de octubre.

Anoche, pasé cerca de la recámara de mis hijos y escuché cómo Anthony metía en el corral sus perritos imaginarios y a Dominic gritar para llamar la atención. Al entrar para consolar al pequeño, quedé felizmente sorprendida al ver a mi hijo mayor cantar al bebé, para calmarlo, los mismos poemas de mis días de maestra.

Al apoyarme en la puerta, una nueva canción me llenó el corazón. ¡Fue entonces cuando me di cuenta que jamás había abandonado la enseñanza!

ANTIONETTE VIGLIATURO ISHMAEL

POEMAS Y RAZONES

Al tiempo que le cantaba a mi bebé recién nacido, pensaba en mi decisión. La tonada nos tranquilizó a mi nene y a mí.

Cuando pienso acerca de Patrick, mi primer hijo, recuerdo lo difícil que fueron esos primeros meses. Cuando se sentía inquieto, recordaba mis días de maestra y sacaba una poesía y se la cantaba.

El primer llanto de Patrick llegó a fines de agosto, ese fue el primer día de escuela para los que habían sido mis alumnos. Echaba de menos las caritas alegres de los niños en la escuela y el olor del salón de clase. ¿Había tomado la decisión correcta? ¿Debí continuar enseñando después de tener al bebé? ¿Perdería contacto con mis maestros compañeros y desaparecería en volúmenes perdidos de los viejos anuarios escolares?

A pesar de la incertidumbre que sentía, sabía que ver cómo mi bebé maduraba y crecía, hasta convertirse en un niñito, era algo de lo que no me quería perder. En el pasado, en una mañana nevada, tendría que raspar el hielo del parabrisas antes de salir a trabajar. Ahora estaba acurrucando a mi hijo bajo frazadas calientitas y observando cómo caía la nieve. Una tarde en el museo, una visita a la hora de cuentos en la biblioteca o un paseo alrededor de la manzana, eran muy especiales para nosotros dos.

Mientras que mi atención principal recaía en las actividades que conjuntamente realizan la madre y el hijo, también tenía tiempo para coser y leer, lujos que, anteriormente, no existían para mí. Disfruté haciendo el disfraz de calabaza para Patrick en

"Al buscar el jardín de mi madre, encontré el mío."
—Alice Walker

TODO ESTÁ EN LOS FRIJOLES

Las últimas seis semanas de la vida de mi madre se convirtieron para mí, en una oportunidad de buscar la sabiduría, de dar gracias por todo lo que me había dado y de rectificar viejas heridas.

Fui inflexible acerca de no dejar ningún asunto sin terminar entre nosotras. Quería que nuestro tiempo juntas transcurriera en armonía. Si no, ¿por qué recibí una advertencia de que el tiempo de mamá en este planeta era limitado, justo unos días antes de su diagnóstico terminal?

La advertencia me había llegado a medianoche, cuando estaba en un estado de profundo sueño. "Ya es hora de irme . . . ya es hora de irme", me dijo ella. Inmediatamente, me levanté, me vestí y manejé a su casa a 20 minutos de distancia.

Casi esperaba que a mi llegada, ella ya hubiera fallecido, pero cuando entré silenciosamente en su habitación, se despertó y me preguntó: "¿Qué haces aquí?"

"Soñé que me decías de que te había llegado la hora de irte, y no quería que te fueras sin antes decirte que te quiero."

"Yo también te quiero, pero no a las cuatro de la mañana", me respondió. Esa fue la primera vez que vislumbré el irónico sentido del humor que tenía.

Cuatro días después, se desmayó. El médico me dijo que tenía una enfermedad del riñón y le dio seis semanas de vida.

Mi madre era de complexión pequeña, con 1.50 de estatura. Nacida en México, sólo había llegado al octavo grado en su educación y se había ganado la vida como costurera. Pero tenía un carácter y una disciplina tremendas.

Para dar un buen ejemplo, regresó a la escuela a terminar la secundaria. Se esforzó en mejorar su inglés leyendo el periódico diariamente en voz alta y ayudó a sus amigos y parientes que también batallaban con el idioma.

Leía biografías y autobiografías escritas por hombres y mujeres que, con frecuencia, se habían forjado a sí mismos, al igual que buena literatura y poesía. Cada mañana, antes de irse a trabajar, le encantaba sacar lecciones de la *Biblia* y de *Ciencia y salud con llave a las Escrituras*. Era fuerte y terca, sabia y práctica, elegante, refinada y graciosa.

Un día, estando en cama, una semanas después del terrible diagnóstico médico, le pregunté que de dónde había sacado tanta fortaleza. El sol se colaba a través de las ventanas estilo francés de su recámara al tiempo que me reclinaba, en anticipación a la sabiduría que estaba a punto de recibir y segura de que transformaría mi vida.

Esperaba que iba a referirse a las enseñanzas de Mary Baker Eddy, descubridora y fundadora de la ciencia cristiana, uno de sus modelos a seguir, o a citar algún pasaje inspirador de la *Biblia*.

"¡Los frijoles! Los frijoles me hicieron fuerte." Me reí pero, de alguna manera, quedé desilusionada de que no me hubiera dejado un mensaje más profundo.

No fue sino hasta meses después de su muerte, cuando preparaba *frijoles de la olla*, que recordé las instrucciones de mamá sobre cómo cocinar los frijoles perfectos y que me di cuenta del poder de su mensaje en su lecho de muerte.

Mamá cuidaba mucho de escogerlos y lavarlos. Después de dejar correr agua varias veces sobre ellos, los esparcía sobre una charola o un plato grande, para luego sacar los que no tuvieran una forma perfecta, que estuvieran arrugados o que fueran más oscuros. Los observaba con cuidado, pues cada frijol para su olla tenía que ser un pinto perfectamente, perfecto. "Un frijol malo puede agriar la olla", decía.

También me previno contra añadirles agua fría si el agua se había evaporado hasta cierto nivel, pues se oscurecerían y no se verían frescos al servirse. Sus frijoles eran no sólo deliciosos, sino bellos a la vista.

Mientras cocinaba, me di cuenta de lo que mamá me quiso decir, meses atrás.

No sólo son los frijoles la base de la dieta mexicana, llenos del hierro que nos da fortaleza, sino que el rigor que aplicaba para eliminar a los indeseables, era la misma atención exigente que ponía para eliminar las imperfecciones y debilidades de carácter tanto en ella como en los que la rodeaban. Los frijoles eran un vivo ejemplo de lo que ella había tratado de enseñarme al ser yo una jovencita.

Así pues, finalmente me di cuenta de qué se trataba todo ese severo amor. El énfasis en desarrollar carácter y autocontrol, hablando sólo de lo bueno y rechazando lo malo. Ese día, en la cocina, comprendí por qué los frijoles habían hecho tan fuerte a mi madre.

YOLANDA NAVA

"Rodéate de gente que te respete y te trate bien."
—CLAUDIA BLACK

ALGO PARA MEDITAR

La confianza en uno mismo es como el dinero en el banco. He es-cuchado que el 80 por ciento del éxito proviene de tener confianza en uno mismo; éste es uno de los puntos clave que enseño en los seminarios sobre éxito, mismo que aprendí con dificultad.

Hace varios años, tuve un jefe que se ponía belicoso cada vez que tomaba unos cuantos tragos en la comida. Cuando regresaba a la oficina de uno de esos "almuerzos de negocios" de dos o tres horas, siempre empezaba agredir a alguien. Al verlo venir, todos lo eludíamos, pero un día que no me retiré con la suficiente presteza, me convertí en su víctima.

Me regañó en voz alta y delante de varios de mis compañeros (obviamente, no había escuchado que es importante elogiar en público y criticar en privado). Cuando terminó de gritarme, mi confianza se encontraba por los suelos. Y la peor parte es que to-davía me quedaba por grabar un programa de televisión esa tarde y dar una conferencia ante cientos de personas esa noche. Me costó mucho trabajo mantenerme serena durante estas dos apariciones en público y me sentí abrumada unas cuantas veces al recordar las cosas devastadoras que mi jefe me había dicho horas antes.

Soy una persona blanda que llora con facilidad, y lloré toda la noche, humillada por el abuso verbal que había sufrido esa tarde.

Una vez que las lágrimas se secaron, supe que tenía que hacer algo para volver a tener confianza en mí misma. Recostada, a la mañana siguiente, pensé en todo lo que había aprendido acerca de construir la confianza y autoestima. En silencio, hice una lista de mis cualidades, antes de salir de la cama para buscar mi "cajita de tesoros". Esta cajita especial está llena con notas de aprecio que he recibido, de recortes de periódico que se refieren a mí, de honores y de cartitas de amor de mi esposo y mis hijos. Después de leer varias piezas, mi espíritu se hinchó. Luego, desarrollé un plan para dar vuelta a la situación con mi jefe. Noté que mi confianza se iba elevando a medida que pensaba en tomar una actitud positiva.

"Necesito hablar con usted, por favor", dije al entrar a la oficina, al día siguiente. Se veía preocupado al tiempo que me indicaba que me sentara en la silla frente a su enorme escritorio. La silla era baja, para intimidar a otros. Le sonreí cálidamente, en tanto me esforzaba en sentarme lo más alta y orgullosa posible.

"Lamento haberlo molestado ayer", le dije, "y hay ciertas cosas que usted no ha escuchado." Con toda calma, le fui señalando la información que faltaba y luego, le pregunté: "¿Ahora, podría decir algo bueno acerca de mí? Después de todo", añadí burlonamente, "usted es el que me contrató, y no querría que ponga en peligro su credibilidad frente a los empleados."

Por unos momentos, me miró intensamente y luego soltó los brazos que tenía cruzados. Comenzó a hacer una lista de cosas positivas acerca de mi persona, muchas más de las que yo esperaba. Salí de su despacho sintiéndome más valiosa de lo que yo esperaba. Definitivamente, sí funcionaba ser asertiva.

Sin embargo, un par de semanas después, justo después del almuerzo, la secretaria del jefe me llamó en el interfón: "Rita", dijo. "Está realmente enojado y va hacia allá para hacerte trizas. Sé cómo desmoraliza a todos, de manera que, prepárate."

Mi corazón se detuvo, sólo momentáneamente. Me puse en pie, reí para mis adentros y salí al pasillo para esperarlo. ¡Sabría cómo manejarlo! Ahí venía, con las sienes pulsando, los puños apretados y los dientes de fuera. Me tenía en la mira con los dos cañones. Le eché una buena sonrisa y lo saludé con la mano como si fuéramos viejos amigos, casi como diciéndole ¡ven aquí! Al verme así, dudó. Cuando hubiere terminado de regañarme, iba yo a decirle: "Está bien, ahora ¡di algo bueno de mí!", pero por mi actitud se dio cuenta e, instantáneamente, dio media vuelta y a zancadas, regresó a su oficina.

¿Debemos quedarnos tan tranquilos cuando a alguien se le pega la gana reconvenirnos? Jamás. Si no logramos hacer un cambio significativo con esa persona, es hora de hacer planes para seguir adelante. Sin embargo, en mi caso, una vez que enfrenté mis emociones, la solución fue simple. ¡Pedí lo que necesitaba!, y al hacerlo, pude hacer un depósito sustancioso en el "banco de confianza en mí misma".

RITA DAVENPORT

VIII
LA CONEXIÓN ANIMAL

"Ningún animal debería de saltar sobre los muebles del comedor,
a menos que esté absolutamente seguro
de poder intervenir en la conversación."

—FRAN LEBOWITZ

*"Para mantener algo, debe de importarte y, lo que es más,
debes de comprender qué clase de atención requiere."*
—DOROTHY PARKER

UN ALMA, DOS MITADES

Mi esposo creció en una granja donde criaban caballos y perros, así que la mayor parte de su vida la ha pasado en presencia de animales. Sin embargo, en referencia a Cali y a mí, hace el siguiente comentario: "Nunca he conocido a un animal y un humano que fueran tan parecidos como dos mitades de la misma alma."

Cuando nos conocimos, yo era una joven maestra trabajando en un país extranjero y ella una bolita de pelo enmarañado de dos meses de edad. Yo había decidido que un pastor alemán sería una buena compañía para una mujer sola viviendo en un remoto pueblo. Hacia los cuatro meses y medio, ya grande y robusta, Cali pisó un escorpión que una noche cruzaba por la terraza y rápidamente quedó reducida a un perrito inmóvil y letárgico. No sé cómo pudo sobrevivir a este incidente, pues la mascota de un amigo había muerto en un par de horas dos meses antes a causa de este tipo de picadura.

Cali vivió, pero quedó completamente paralizada. Ni siquiera podía mover la boca para comer, así que la alimenté dejando caer gotas de huevo crudo hasta el fondo de su garganta. Su cuerpo se deterioró tanto que su grueso pelo se rizó al enroscarse alrededor de los huesos que sobresalían de su peluda piel. Y, por si fuera poco, desarrolló una infección en la sangre y alta fiebre a causa de la herida. Así pues, la llevé en mis brazos en destartalados autobuses por todo el país, hasta el consultorio de un veterinario estadounidense, quien le suministró líquidos intravenosos durante una semana. Luego, nos mandó a casa diciendo que no había más que hacer. Sin embargo, yo juntaba agua en la noche para sumergirla en el día y controlar su fiebre. Así vivimos por más de un mes: yo, con una estatura de 1.57 y un peso de 45 kilos, cargando una perra paralizada de 18 kilos sobre mis hombros a dondequiera que fuese y ella, desafiando la muerte.

Después de haber pasado tanto tiempo llevándola conmigo para controlar su salud, sentí que era una tontería dejarla en casa una vez recuperada y que podía caminar por sí misma. Todos los días por las montañas venía tras de mí y se enroscaba bajo el pupitre de algún niño en la escuela rural donde yo enseñaba y, cada noche, comía su cena junto a mí, sobre el suelo sucio, y cuando iba "al baño" detrás de un árbol, se agachaba a mi lado. Éramos compañeras y las mejores amigas todo el tiempo, y hasta el día de hoy no se me ocurre nada que no podamos hacer la una por la otra.

No es que necesitara pruebas de su lealtad, pero ella me lo demostró una noche después de haberme cambiado a una casa con una recámara que daba directamente a un patio cercado. La doble puerta exterior estaba hecha de dos piezas de madera que estaban unidas a la pared de adobe con unos clavos oxidados y sujetos en el interior por un dos por cuatro. Un fuerte viento podría haber tirado la puerta, pero yo debía regresar a mi país en unos cuantos meses y, por tanto, no había puesto mucho cuidado en esto. Además, con arrogancia asumí que yo era joven y fuerte y que, en una emergencia, podía cuidar de mi persona.

En mitad de una noche, los gruñidos de Cali me despertaron cuando hacía guardia arriba de mi cama, mirando a la puerta enseñando los dientes. Escuché unos pasos sobre el piso de concreto del patio exterior que avanzaban lentamente hacia la puerta de la recámara. Jamás, en mis 24 años de edad, las implicaciones de un sonido habían sido tan claras para mí, y jamás me había sentido tan aterrada. Aunque había ensayado esta escena cientos de veces en mi cabeza—de cómo defenderme con patadas rápidas al mentón y a las ingles, y golpes al puente de la nariz—cuando se presentó el momento de actuar, me quedé paralizada por el miedo. Mi cuerpo se sentía como plomo y ni siquiera podía mover el brazo para alcanzar el cuchillo que tenía escondido bajo mi almohada. Simplemente, me quedé ahí, sin poder respirar y segura de que me sofocaría antes de que el hombre de afuera tuviera la oportunidad de matarme. "¡Respira!", me dije a mí misma, y finalmente logré pasar el aire. Las pisadas se oían cada vez más cerca, y todavía no podía moverme.

Cuando él lanzó su cuerpo contra la puerta para abrirla, Cali saltó desde la cama, y sus cuerpos golpearon las dos tablas de madera al mismo tiempo. A través de las grietas de la madera, le clavó las garras y le dio tarascadas. Sin embargo, él persistió. Cada vez que él se echaba para atrás y se tiraba contra la puerta para derribarla desde afuera, la perra arrojaba su cuerpo en su contra desde adentro, logrando con esto mantener en pie la vieja y desvencijada puerta. Después de lo que pareció una eternidad pero que no pudieron haber sido más de 20 segundos, el tipo salió corriendo tan temeroso del perro como yo había estado de él. Esta vez fue ella la que me salvó.

Mientras más tiempo pasábamos juntas, más cerca nos sentíamos la una de la otra, hasta que las semejanzas entre las dos parecían extrañas a aquellos que no tienen fe en los lazos que existen entre los animales y los humanos que se quieren. Cuando me resfriaba, también lo hacía Cali. Cuando mis alergias empeoraron después de regresar a Estados Unidos, ella también se hizo alérgica y, después de una serie de pruebas, se determinó que, de hecho, las dos éramos alérgicas a los mismos alimentos y al polen. Cuando mejoré de esto, también ella. En mi boda, que se celebró en grande a la intemperie, un amigo sostuvo a Cali con la correa durante toda la ceremonia. Justo en el momento en que el ministro preguntaba: ¿Tomas a este hombre?, y momentos antes de que yo respondiera "sí", un largo y profundo aullido sonó por detrás de los invitados. Era Cali, seguramente diciendo "yo también".

Desafortunadamente, las semejanzas no terminaron ahí. Seis meses después de que me dijeran que tenía un soplo cardiaco benigno, Cali fue diagnosticada con lo mismo. Manejamos por todo el país durante nuestra luna de miel con la perra en el asiento trasero. Tenía un ojo lloroso y me preocupé de que el polvo de la carretera le estuviera irritando más, así que nos detuvimos para revisarla en un hospital veterinario en la ciudad de Salt Lake. El veterinario le examinó los ojos y después, como cosa rutinaria, puso el estetoscopio sobre su pecho. Frunció la frente y se mordió los labios al tiempo que pasaba el estetoscopio durante cinco minutos completos por todo el cuerpo de Cali. Finalmente, se enderezó y nos dijo: "Sus ojos están bien, pero tiene un problema serio en el corazón." La tomé en mis brazos y lloré. De inmediato se le hizo una prueba de ultrasonido para confirmar el diagnóstico: estenosis subaórtica. Realmente, no quedaba nada por hacer. El especialista que consultamos nos dijo que jamás había visto un caso peor: "si la tratan con normalidad, le quedan dos meses de vida", dijo. "Pero si la mantienen adentro todo el tiempo y le impiden correr o esforzarse, podría vivir hasta dos años más."

"No puedo hacer eso", dije. "Juega afuera todos los días; siempre hemos corrido juntas. Se sentirá absolutamente desgraciada si la encerramos."

"Entonces, la matará", dijo el médico.

"Pero morirá feliz", respondí. "Sé que ella preferiría una vida corta y feliz a una larga y miserable." Aunque devastada por el pronóstico, disfruté la oportunidad de asegurar que el fin de sus días fueran tan divertidos como había sido el comienzo.

Eso pasó hace más de tres años. Cali y yo caminamos o corremos por el parque, unos cinco kilómetros diarios—¡dependiendo del nivel de mi energía!—, donde juega con un grupo de perros amigos y nada en el río. Desde entonces ha viajado por todo el país dos veces más, ha recorrido el bosque de secoyas y está tan saludable que sólo vamos al veterinario para ponerle sus vacunas anuales. Oh, su corazón sigue estando en pésima condición. De hecho, cuando vamos al veterinario, sus ayudantes cortésmente invitan a los otros empleados a escuchar sus latidos: "Jamás volverán a escuchar un corazón como éste", se dicen entre sí. El médico admite que nunca había visto un perro que se vea tan saludable y que tenga un corazón en tan mal estado y, añade, que no encuentra una explicación médica a su longevidad.

Sin embargo, yo sí puedo explicarlo. Cali me enseña todos los días que hay fuerzas más grandes que la medicina y la tecnología. Desde el momento en que se recuperó de aquella picadura de escorpión, ha pagado mis cuidados con una lealtad y amistad inquebrantables. Ha sido la guardiana, no sólo de mi cuerpo físico, sino también de mi alma. En momentos de soledad y temor, una y otra vez se me ha ofrecido con todo el corazón y sin egoísmo. Por su amor a mí, continúa viviendo.

No soy tonta; sé que llegará el momento en que morirá. Sin embargo, he tenido la oportunidad de compartir mi alma con una maestra sabia y generosa. Cuando más lo necesité, Dios me envió un ángel disfrazado de pelos para que no olvidara el poder del amor.

ELLEN URBANI HILTEBRAND

MANTENIÉNDOSE ALERTA

*C*asi *en casa, 15 minutos antes de lo programado, apenas si tenía* tiempo de cambiarme, volver a meterme al auto para manejar unos 75 kilómetros y encontrarme con un agente de bienes raíces para enseñarme una propiedad en lo que iba a ser "mi nuevo vecindario". ¡Un semáforo! Maldición, y es el que tarda más en cambiar en esta zona.

Mientras esperaba la luz verde, mi mirada se posó en un pájaro bastante grande que volaba bajo. Otro pájaro pequeñito parecía estar pellizcando su cola, como si quisiera atacarlo. Pero después de observar un rato, me di cuenta de que el más grande era la madre y que el pequeñito debía estar ensayando sus primeros vuelos. Repentinamente, el pajarito perdió altura y revoloteó erráticamente, incapaz, obviamente, de mantenerse en alto. La madre se lanzó hacia abajo, levantó al bebé sobre su espalda y voló al cielo claro y azul, para luego retirarse nuevamente. Torpemente, el pajarito recuperó su capacidad de vuelo y la madre se mantuvo a unos cuantos centímetros: lentamente, se fue moviendo a un lado y luego abajo, a corta distancia. El bebé lo estaba haciendo muy bien.

El sonido de las bocinas al cambiar la luz me recordó que los otros querían avanzar a diferentes puntos de la ciudad. Manejé lentamente, observando mis pájaros. Poder ver esta ocasión tan especial para el bebé pajarito, con las amorosas y protectoras medidas que tomó la mamá, se convirtió en algo más importante que la cita que tenía, así que pensé en posponerla por 15 minutos. ¡Esto sí que era vida!

Recordé cuando mi bebé dio sus primeros pasos. Primero, la había sujetado de la mano y luego, con suavidad, la había soltado, pero manteniendo las manos lo suficientemente cerca para poder tomarla si fuera necesario. Mis ojos se llenaron de lágrimas. Sentí un gran amor por la madre que alimenta y que ahora estaba ayudando a su hijo a soltarse y a seguir la senda de la vida.

Hacía nueve meses que mi propia hija había tenido un bebé y estaba experimentando lo que es ser madre.

Dejamos ir a nuestros retoños tantas veces y de tan diferentes maneras. Sus primeros pasos, sus primeros días en la escuela, sus primeras salidas con chicos; al irse a la universidad y, desde luego, al casarse. Pero nunca los dejamos ir de nuestro corazón.

La mamá y el bebé pájaros estaban planeando al aproximarme al garaje. No había tiempo que perder. Corrí hacia la puerta porque oí sonar el teléfono. ¡Ah, que responda la contestadora!, fue lo primero que pensé, pero sentí la necesidad de hablar. Otros cinco minutos perdidos, pensé.

Mi hija me llamaba desde su casa, a tres mil kilómetros de distancia para darme la noticia de que su hijo, mi nieto, había dado sus primeros pasos, hacía sólo unos minutos. Comencé a llorar. Me di cuenta de que, de una manera bella e inexplicable, yo había estado ahí por esto. Dios había compartido este momento conmigo.

Llamé a mi agente de bienes raíces para fijar una nueva cita unas horas más tarde. Salí a caminar por la playa y me senté un rato, sólo para observar este mundo maravilloso. Respirando profundamente, miré hacia arriba. Sobre mí, volaban los pájaros, y mi propio nieto había comenzado su viaje por la vida. Con cuidado, espero. Pasito a pasito.

EILEEN DAVIS

"La vida de los perros es muy corta. Realmente, ése es su único defecto."
—AGNES SLIGH TURNBULL

DAZY JOY
(ALEGRÍA DESLUMBRANTE)

Durante casi un año, había estado mal cuando, definitivamente, dejó de comer. Al día siguiente, dejó de beber. Yo, como humana, quería que siguiera viviendo, así es que, usando un cuentagotas intenté dejar caer líquidos hasta su garganta, pero ella volteaba la cabeza. "Ya es suficiente", parecía decir con los ojos. "Ya es hora de morir."

Luego, trepó con dificultad a mi regazo y me permitió mecerla lentamente, de atrás para adelante. Ese día pasamos horas juntas, con su delgado cuerpo de pastora envuelto sobre mis brazos, mi cara contra su cuello y los recuerdos dando vueltas en mi cabeza.

Pensé en el día que nos conocimos. Aparentemente, estaba perdida en la escuela, mendigando y fastidiando a los alumnos y a los maestros por igual. La habían amarrado a una banca, esperando la llegada de la perrera, cuando pasé de prisa hacia las oficinas de la universidad. Nos miramos a los ojos y nuestras almas se encontraron. La desaté, la llevé a mi oficina y alimenté a este hambriento animalito. Muy poco tiempo después, ya estaba en el asiento trasero de mi auto, rumbo a su nuevo hogar.

Mi esposo y yo le pusimos por nombre Dazy Joy (Alegría Deslumbrante), y se convirtió en una compañera constante y la

mejor de las amigas. Iba con nosotros a todas partes: de vacaciones, en viajes de un día, a cenas familiares y en días festivos.
Se convirtió en la matriarca de la familia, ladrando frecuentemente a nuestras instrucciones como si pudiera hablar.

Durante todos los años que siguieron, Dazy Joy se comportó
como inspectora de las docenas de animales rescatados que entraron y salieron de casa. Imponía su disciplina con firmeza,
pero también era tolerante con los recién llegados. Sin embargo,
a pesar de las muchas mascotas y gente que ocupó su espacio
por tanto tiempo, jamás cedió su papel de ser la guardiana de los
animales, de la casa y de nosotros.

Siempre pudo leer mi mente.

Así que, en ese último día, sintiendo que había yo alcanzado
un lugar de descanso en mi minucioso ensueño, se deslizó de
mis brazos y pesadamente se puso de pie. Con lágrimas en los
ojos, la observé deambular con su cansado y débil cuerpo, de
habitación en habitación. No hubo puerta que no rozara al pasar
cuando entraba y se detenía para mirar a su alrededor. Parecía
tener un doble propósito. Usando la poca fuerza que le quedaba,
estaba diciendo adiós, y antes de entregarme su posta como
guardián de la casa, necesitaba asegurarse de que todo estaba
bien en mi mundo. Satisfecha, caminó a la puerta del frente y me
indicó que la siguiera.

Ese día, 16 años después de nuestro primer encuentro, hicimos el viaje al destino del cual, una vez, la había yo salvado. La
sostuve junto a mí mientras aceptaba la medicina, de buena
gana. Ocho años después, la sigo sosteniendo. Su foto enmar-
cada en mi mesita de noche me la recuerda constantemente.

CINDY POTTER

"Los perros vienen cuando se les llama.
Los gatos toman nota del mensaje y luego retornan la llamada."
—MISSY DIZICK Y MARY BLY

ÓSCAR

Conocimos a Silvestre cuando salía de los matorrales en nuestro jardín del frente. Era tímido pero hambriento y su quejumbroso "miauuuu" era, obviamente, una petición de comida. Mi esposo Rocky y yo, comenzamos a traerle sobras todas las tardes, y el gato lo sabía, pues aparecía todos los días a la misma hora. Era un gato perdido, un callejero que vivía en el bosque, y comenzamos a sentirnos responsables de su pequeño espíritu independiente. Pero aún no estábamos listos para llamarlo "nuestro"; todavía no. Lo llamamos Silvestre porque era igualito al de las caricaturas, con la misma marca y los mismos mechones en los cachetes. Casi podíamos escucharlo decir: "Hmmmm, qué rico pajarito."

Me di cuenta de que ya se había pasado la hora de vacunarlo y castrarlo cuando tuvo un encuentro con una familia de mapaches. Le dieron una buena paliza y le arrancaron unos buenos pedazos de pelaje en el costado. Así pues, hice cita con el veterinario para la siguiente semana. Decidimos que él nos había "adoptado" y que ya era nuestro. Pero no era su destino. Un par de días después, lo encontré en la terraza de atrás, echado, muy quieto. Lo llevé rapidamente al veterinario, pero murió esa noche.

Fue un día muy triste para Rocky y para mí.

"Si sólo lo hubiéramos vacunado antes, si lo hubiéramos cuidado mejor", nos lamentábamos. Durante los días que siguieron, por alguna razón me venía constantemente a la cabeza el nombre Óscar. Se lo mencioné a mi esposo y acordamos pornerle ese nombre a nuestro siguiente gato, pero sólo cuando ya estuviéramos listos para tenerlo.

Una semana después, más o menos, mi madre llamó para decirme que tenía un gato para mí. Le dije que todavía no me había repuesto de la pena por Silvestre y que, además, yo prefería esperar un poco. Pero mamá insistió, cosa poco frecuente en ella.

"Este gato necesita un hogar, ¡o lo llevarán a la municipalidad!"

Dijo que su amiga Bernie le estaba dando de comer, que lo habían abandonado en su departamento donde estaba prohibido tener mascotas.

"Realmente, agradezco tus intenciones, mamá, pero no, gracias. ¿Ya tiene nombre?"

"¡Sí!", dijo. "Bernie lo llama Óscar."

Sentí un escalofrío por toda la espalda. ¡Sabía que éste era mi gato! Cuando fui a buscarlo, me enamoré de él inmediatamente. Este pequeñín tenía una gran mancha gris sobre la nariz. Me miró directamente y en seguida vino hacia mí como si dijera, "Ya era hora de que llegaras."

Óscar sigue con nosotros. Debe de haber sido un gato callejero muy exitoso, porque cuando nos lo dieron estaba un poco subido de peso. Le dimos de comer alimento para gatos bajo en calorías, le pusimos sus vacunas y lo "arreglamos".

Como dijo Bernie, es "verdaderamente, un gatito muy lindo". Lo llamamos con mil variaciones de su nombre original, desde bolita de pelos Óscar, Oscalario, Oscarín bigotudo y otros, según su estado de ánimo.

Siento como si este gato se hubiera cruzado en mi camino por una razón. Óscar me ha dado como regalo, la segunda oportunidad de sentirme madre. El hecho de saber su nombre aun antes de conocerlo, confirma mi creencia en lo que otros amantes de gatos saben: que yo no lo encontré, sino que él me encontró a mí.

CINDY HANSON

DOS LUCYS PARECIDAS

*S*uave y peludo, *de piel castaña algo desgastada, pareciera que a este osito lo habían abrazado demasiado.* Sus ojos son negro brillante y su nariz es un triángulo patas arriba hecho de estambre. Constantemente aparto su pelaje de los ojos, para que pueda ver mejor.

Cuando vi a mi Lucy por primera vez, estaba sentada en el escaparate de una tienda, apretujada con otros cientos de ositos de peluche. Pero ella resaltaba como si fuera la única. Era igualita al oso de mi hija. Al mirarnos a los ojos a través de la vidriera me llené de lágrimas. Sabiendo que vendría a casa conmigo y que representaba mucho más que un simple oso de peluche, me tomé unos momentos para tranquilizarme antes de entrar a la tienda y comprarla.

"A los osos no les gustan las bolsas", le dije al empleado, al tiempo que me daba el cambio. "La cargaré." Lucy se sentía cómoda bajo mi brazo, como si ése fuera su lugar. Una suave agitación en mi corazón y una cierta paz que yo había estado buscando, me invadieron.

Esa noche, mi oso suavecito quedó arropado bajo las frazadas, entre mi esposo y yo cuando hablábamos acerca de aquella otra Lucy. Nuestra hija Janice había amado la vida que había dentro de su oso, hasta nosotros llegamos a creer que era real. Jan nos contaba acerca de las aventuras diarias de su oso, tejiendo elaborados cuentos de travesuras y diversión. Riéndose, culpaba a Lucy por las migas en sus sábanas, diciendo que el osito había metido las galletas en la cama. Lucy se paseaba en el auto de Janice, portando un cinturón de seguridad hasta que llegó el mucha-cho simpático que se sentó junto a ellas. Luego, las dos le dirían adiós con la mano, vigorosamente, para obtener su atención y sonrisa.

Con frecuencia, Janice se llevaba algunos osos de mi colección para ponerlos en su recámara, al final del pasillo. Su favorito era el Bebé Oso. Al investigar, encontraba yo los dos osos, el Bebé y Lucy, acompañándose sobre la vieja mecedora "compartiendo historias y esperando el té", me diría Janice mirándome de frente.

Lucy se convirtió en la confidente de mi hija, escuchando con atención sus charlas interminables acerca de la escuela, los caba-llos y los novios. De vez en cuando, el osito esponjoso recibía las lágrimas de frustración y desilusión de una jovencita.

Los juegos con los osos, daban buen humor y ligereza a los, en ocasiones, años difíciles de una adolescente, cuando la indepen-dencia era importante para ella y la orientación era importante para mí.

Éramos las mejores amigas y todavía jugábamos con los osos cuando Janice murió repentinamente, a la edad de 22 años. Su Lucy descansa con ella y me imagino a las dos riéndose y ha-ciendo planes juntas mientras continúan unidas en sus aventuras.

Durante muchos años dormí con mi Lucy después de que Jan-ice falleciera. El pequeño y sabio oso parecía escuchar con todo su corazón cuando le hablaba de recuerdos felices, o cuando le susurraba lo mucho que extrañaba la diversión y la risa que mi hija y yo compartíamos. Algunas veces, cuando la pena era abru-madora, captaba mis lágrimas de tristeza. Siempre la sentí cálida y reconfortante al abrazarla. Me dio amor incondicional y yo la quise de igual manera.

La cicatrización llega con el tiempo. Ya no necesito dormir con mi suave confidente de color café; ahora, Lucy está al lado de Bebé Oso en la vieja mecedora y escucha mis pláticas maña-neras.

Le cuento acerca de nuestros cuatro nietos preciosos y de las cosas tan graciosas que dicen y hacen. Le hablo acerca de cenas y excursiones con viejas amigas y le describo las nuevas amigas que hago. Le digo que me encantan mis clases de arte y que pronto me graduaré de la universidad. Su pequeña boca está enterrada entre tanto pelo, pero sé que está sonriendo. Sé, también, que Janice y su Lucy sonríen y sé que nuestras Lucys están conectadas entre sí, de la misma manera que Janice y yo lo estamos, por medio del amor puro.

SUSAN MILES

ALETEO DE LAS ALAS
DE MARIPOSA

*M*amá siempre me dijo: *"Intentarás negarlo y tratarás de resistirlo, pero no podrás evitar lo que sientes."*

Este pensamiento pasaba por mi cabeza la primera vez que vi a Nick. No fue como si me cayera un rayo o una explosión de cualquier tipo, sino más bien como un susurrante aleteo de alas de mariposa en mi estómago, sonoros latidos en mi corazón . . . pum-pum, pum-pum, pum-pum . . . y el pulso tamborileando en los oídos.

Esperé que la sirena de alarma sonara en mi cerebro. Quería que Nick me tomara entre sus brazos y me besara fuerte para que esa sirena sonara, volviéndome a la realidad. Cuando la sirena preventiva llegó finalmente, me dije: "¡Mira tu dedo! ¡Estás a punto de casarte con otro hombre!" Pero cada vez que sonaba esa sirena, la ignoraba, porque dolía mucho pensar que no estaba enamorada del hombre con el que se suponía tenía que casarme.

Esperé que lo que sentía por Nick desapareciera. Quería no sentirlo más. No era correcto sentirse así por otro hombre, pero a medida que los días se fueron convirtiendo en semanas y éstas en meses, me vi a mí misma atraída, cada vez más profundamente, a su mundo.

Su suave y varonil aroma de almizcle llegó a mi nariz aun antes de verlo. Su risa, profunda y completa, me hizo sonreír en respuesta. Sentir sus ojos sobre mi espalda me hizo volver automáticamente para darme cuenta que me observaba y me esperaba. No pude evitar desearlo, con una fuerza incontrolable. Como la gravedad, me jaló.

Un día, estaba él sentado en su escritorio, concentrado con la mano en su cabello y el entrecejo fruncido. Observé su espalda derecha y sus venas que corrían por el brazo cuando trabajaba. Sentí algo extraño . . . algo parecido al orgullo. Entonces, ante mis ojos, pude ver cómo sería cuando tuviera 50 años. Con su pelo oscuro entrado en canas, las líneas de la risa talladas en la piel alrededor de los ojos y la que había sido una espalda derecha, encorvada ahora, por la edad. La sensación vibratoria de alas de mariposa en mi estómago regresó con fuerza. Ahí es cuando me sentí segura de que lo amaba. Respiré profundamente y sonreí, finalmente en paz conmigo misma.

Dejé a mi novio y seguí mi corazón que me condujo derecho a los brazos de Nick, donde he permanecido desde entonces. Ahora estamos casados, y ya han pasado cinco años desde que sentí, por primera vez, esas alas de mariposa revoloteando. No están ahí todos los días ni cada vez que lo miro. Pero me he dado cuenta de que cuando siento que lo amo menos, revolotean más, y en los momentos en que lo amo más, no las siento o escucho en lo más mínimo. Simplemente, están ahí como un recordatorio de mi corazón, en el que me dicen que tomé la decisión correcta.

LON MY LAM

> *"Cuando te sientas realmente mal,*
> *una terapia de cachorros es la indicada."*
> —SARA PARETSKY

UN REGALO DE AMOR

El amor llegó a mi vida, saltando en cuatro patas, justo cuando más lo necesitaba. Auric—nombre latino para oro—era un golden retriever, con una capacidad especial para el amor. Se veía y actuaba como un cachorro normal, pero a medida que fue creciendo, se hicieron más evidentes sus cualidades especiales.

Su primer año conmigo fue el más difícil de todos. No sólo terminó mi matrimonio por una triste traición, sino que un hombre mentalmente inestable me acosaba. Yo era una personalidad de la radio matutina, y este admirador se obsesionó conmigo después de escuchar mi voz. Una orden de restricción para que no se me acercara, patrullaje policial de rutina en mi casa y un sistema especial de alarma, no fueron de gran ayuda para que desapareciera mi miedo. Auric se convirtió en la poca seguridad que tenía, pues permanecía a mi lado cuando yo echaba un vistazo por la ventana intentando ver si este tipo andaba merodeando. En ocasiones, el perrito inspeccionaba la casa por mí, corriendo de un cuarto a otro como para demostrarme que no había nadie.

Muchas noches me enroscaba sobre la alfombra, junto a la chimenea, y caía en un inquieto sueño. Al despertar encontraba a Auric echado junto a mí, observándome. Otras noches, cuando no lograba conciliar el sueño, me sentaba sola, llorando y tratando de deshacerme del dolor y del temor que afectaban mi corazón. Auric jamás se apartó de mi lado y se sentaba con su cabeza sobre mis rodillas durante horas, ofreciéndome todo el consuelo que podía. Y, como cualquier buen amigo, sabía cuándo me había sumido lo suficiente en la autocompasión. Me gruñía y ladraba, meneando la cola por el aire, la barbilla sobre el suelo y su juguete favorito en la boca, exhortándome a que jugara con él. Esta tonta actitud suya iba creciendo hasta que yo aceptaba este juego de agarra y arroja y, con esto, ahí me tenían, corriendo tras él por toda la casa, muerta de risa.

Afortunadamente, durante nuestro segundo año juntos, las cosas mejoraron drásticamente. El maniático individuo estaba bajo libertad condicional, bajo una estricta supervisión controlada, y, finalmente, me vi libre para volver al mundo de los vivos.

Auric y yo corríamos por la senda del bosque cercano a casa, jugábamos en el parque y pasábamos horas pescando en un río de la montaña. Instintivamente, él sabía que no debía perturbar la vida silvestre con la que nos topábamos y pensé que este comportamiento, teniendo en cuenta que la sangre de perro cazador corría por sus venas, era no sólo poco usual sino extraordinario.

En un triste día de invierno, al comienzo de nuestro tercer año, lo perdí. Me había recostado para tomar una siesta y al despertarme, había desaparecido. Acostumbraba sentarse en el jardín del frente todas las tardes, para ver a los chicos que pasaban de regreso de la escuela. Allá me fui para ver si estaba. Recorrí el vecindario frenéticamente, sin encontrarlo.

Me pasé semanas pegando volantes, llamando a las puertas y visitando la perrera. Finalmente, uno de los empleados de ésta, me llevó a un lado y con amabilidad me hizo encarar la realidad. No era probable que mi perro especial regresara a casa. Me explicó que, probablemente, alguien lo había encontrado o lo había robado. En privado, repasé las viejas fotos para recordarlo. La familia y los amigos me escuchaban con simpatía cuando les relataba anécdotas de Auric, y algunos de ellos compartieron conmigo sus propias historias.

Pasaron varios meses y, un domingo en la mañana, leí un anuncio en el periódico. Una familia necesitaba encontrar un hogar para su golden retriever de dos y medio años de edad. Me dirigí a esa dirección, con la secreta esperanza de ver a mi amigo saltar hacia mí con un cariño no olvidado. ¡Amigos del alma, juntos otra vez! Tonta, tonta de mí. En su lugar, encontré un tímido y dulce perrito de buenas maneras y un insaciable apetito por jugar a coger y traer una ramita. Me senté en una silla del jardín con los codos sobre las rodillas, la barbilla entre mis manos, y observé.

Este perro no era tan guapo y robusto como mi viejo amigo. En sus ojos marrones no podía verse esa percepción misteriosa, y lo único que parecía interesarle, era un palo arrojado al aire, para atrás y adelante del jardín. La depresión cayó sobre mí como una helada niebla. Después de unos cuantos minutos, mi tristeza pasó a sentimientos de culpa y preocupación. ¿Qué sería de este perro no deseado si yo no le ofrecía un lugar para vivir?

Regresé a casa con Sam sentado en el asiento posterior, con todas sus posesiones mundanas a cuestas: un tazón roto de plástico y una correa maltratada. Por el espejo retrovisor lo miraba. Sus ojos saltaban furtivamente de la parte de atrás de mi cabeza al paisaje que velozmente pasaba más allá de la ventana. Se le veía inseguro y con una necesidad desesperada de tener un amigo, alguien que tuviera tiempo para dar un paseo, excursionar al río, o jugar con la varita. Repentinamente, recordé a Auric y me sonreí ante la lección que él me había enseñado acerca de la magia del amor incondicional. Cuando volví a mirarlo, decidí, en ese momento, abrir mi corazón y darle una oportunidad a mi nuevo cachorro.

DEBB JANES

IX
ACTOS DE
AMABILIDAD

"Es maravilloso tener demasiado de algo bueno."

—Mae West

EL POMO DE LOS RECUERDOS

medida que se aproximaba el Día de las Madres, me preguntaba: "¿Qué será lo que verdaderamente querrá mamá para este día?" No necesitaba más chucherías y ya no sé qué talla usa ni qué estilo le gusta. El año pasado ya había echado mano a todas mis buenas ideas para regalos (le di un pastel de frutas). Estaba confundida.

Entonces, se me prendió el foco. Lo que ella realmente querría saber es la diferencia que hizo su presencia en mi vida. Para muchos de nosotros, nuestros padres trabajaron duro y se sacrificaron. Algunos de ellos dejaron sus sueños para que pudiéramos realizar los nuestros. ¡Lo único que quieren es tener alguna retroalimentación para saber que sus esfuerzos sí valieron la pena! Así pues, para decir gracias, le hice a mamá un Pomo de los Recuerdos.

Compré un frasco de vidrio cortado con tapa. Luego, en cien pedacitos de papel escribí recuerdos como:

- *Recuerdo nuestra conversación la noche antes de mi boda.*
- *Recuerdo que te llamé del hospital para decirte que tu primer nieto acababa de nacer.*

Puse el pomo envuelto para regalo sobre la mesita de la sala, en casa de mamá. Avanzó hasta el centro del sofá, se sentó y acomodó el regalo en su regazo.

Cuando vio la etiqueta, no estaba segura de qué se trataba: "El Pomo de los Recuerdos." Notando su mirada inquisitiva y el frunce de su entrecejo, le di instrucciones para que sacara la tapa, metiera la mano y seleccionara un recuerdo.

"Oh", dijo. "¡Esto es como aquel programa de televisión *Ésta es tu vida!*"

"Algo así", contesté, con la voz ya temblorosa. "Excepto que es acerca de tu vida y la mía, juntas."

Las lágrimas brotaron inmediatamente de sus ojos al leer el primer recuerdo:

* *Recuerdo cuando me diste mi primera bicicleta, azul brillante y justo de mi tamaño.*

Metió la mano para sacar otra tira de papel, pero le dije: "¡Espera! Sólo debes sacar un recuerdo cada día y saborearlo." Sintiendo que los recuerdos eran demasiado irresistibles, se rió, me hizo un ademán con la mano para que me callara, y volvió a sacar otro papel. ¡Le urgía reavivar más su memoria!

* *Recuerdo el miedo que tenía (a los nueve años) cuando te operaron en el hospital.*
* *Recuerdo cómo me gustaba verte cuando te arreglabas para salir a bailar los sábados en la noche. ¡Sabía que mi mamá era la más bella del mundo!*
* *Recuerdo lo inteligente que fuiste al criar a seis hijos.*
* *Recuerdo levantarme la mañana de Navidad y desenvolver la muñeca que tanto había rezado para que estuviera bajo el árbol.*
* *Recuerdo haber ahorrado la mitad del dinero para comprarme unas botas a go-go y que tú pusiste la otra mitad.*

Mamá me miró, riendo y llorando a la vez. Entonces, susurró: "Has creado un nuevo recuerdo para mí. Nunca olvidaré este Día de la Madre."

Me emocioné al pensar en la posibilidad de ir añadiendo preciosos recuerdos a ese pomo de ahora en adelante. Incluso sentí un arrebato de dulce presión para asegurarme de crear más momentos que pudiéramos compartir, especialmente cuando mamá, un poco después, leyó el último recuerdo, me miró y, medio bromeando, me dijo: "¿Ya no hay más?"

MARY LOVERDE

LOS GUERREROS
DEL CAMINO

Mi madre siempre me dijo: "Nunca juzgues un libro por su cubierta", y como una jovencita que crecía en los años sesenta, verdaderamente intenté seguir este sabio consejo. En esos días era fácil; carecía de la sabiduría y de la experiencia para comprender que, algunas veces, la cubierta de un libro hablaba de volúmenes que nos dirían todo lo que se necesitaba saber sin necesidad de, siquiera, hacer una grieta en su empaste. Como adulto, aprendí que debemos de confiar en la primera impresión, porque, con frecuencia, es más precisa que las opiniones de los letrados.

Hace como diez años, en una oscura noche y después de un largo y frustrante día de reuniones durante las cuales cada diseño que había mostrado a mi cliente había sido hecho trizas de inmediato, conducía hacia casa en la autopista de Massachusetts en un viaje de dos horas, desde Springfield hasta Boston. Estaba cansada y fastidiada, ansiosa por llegar a casa y al confort de mi familia. Había salido en estampida de mi última reunión sin siquiera molestarme en hacer una parada de "emergencia" en el camino, y mi vejiga llena me aterrorizaba. Me tranquilizaba con la idea de que a esa hora de la noche no habría nadie haciendo cola en el baño de damas en el área de descanso de la carretera. Siempre me da mucha rabia ver a los hombres entrar tranquilamente mientras que nosotras estamos ahí paradas, contoneándonos, tratando de sortear lo inevitable.

Salí de la autopista y me dirigí al estacionamiento del área de descanso. Ahí, me vi en un bosque de camiones enormes, gigantes grises y mugrientos, en filas interminables. Salí del auto, lo cerré y caminé hacia el comienzo de la cola. Al avanzar, vi un hombre que salía de entre dos camiones, un poco adelante. Me esforcé por verlo en la oscuridad, y mi primera impresión fue que se fundía con la aterciopelada noche; en pantalones y camiseta negra, botas y sombrero de vaquero, parecía solamente una forma más en la oscuridad. Comencé a sentirme nerviosa.

A medida que ambos avanzábamos por el estacionamiento, se fue poniendo a mi nivel y al estar más cerca a mí, pude ver una grasosa y rubia cola de caballo colgando y saltando sobre su espalda cuando caminaba más rápido. Me pregunté por qué se apresuraba; quizás también tenía que hacer pipí, pero me estaba mirando, con una expresión demasiado interesada, para mi gusto. Vi un paquete de cigarrillos metido en su manga enrollada y un tatuaje en su brazo.

Me apresuré, recibiendo la fría brisa de la noche. El sonido de los autos y los camiones que pasaban por la autopista no podían opacar sus pisadas que iban más rápidas que las mías. Parecía ser más joven que yo y, por primera vez en mi vida, temí ser una mujer que se avejentaba, de la vulnerabilidad de saber, sin duda alguna, que yo era más lenta, más débil y más miedosa que mi no deseado "compañero de viaje".

Con una velocidad constante, nos fuimos acercando al edificio que albergaba los baños, mi salvación. Pero cada vez que yo me salía de ritmo, él lo hacía también. Sintiendo el golpeteo de mi corazón, miré rápidamente a través de la ventana de la sala de espera para ver si había alguien en la cercanía, alguien que se diera cuenta y respondiera si yo lanzara mi bolso a través de la puerta de vidrio como pensaba hacerlo. Pero no había nadie. ¿En dónde están los dueños de todos esos camiones? me pregunté. Obviamente, no donde yo los necesitaba.

Me encontraba a dos o tres metros de la puerta, luego a metro y medio, luego a un metro y luego . . . una mano se estiró, lo vi frente a mí, y los ácidos restos de mi última taza de café se subieron por mi garganta. Me quedé sin habla. Quería gritar, pero nada salía de mis labios. Me encontraba completamente seca y deshecha; daba pena verme. Segura, además, de que estaba a punto de ser asaltada.

Y entonces, la mano se posó en la manilla de la puerta y la abrió hacia afuera ante mí, como si yo fuera de la realeza. Me detuve y volteé lentamente, mirando con alivio y sorpresa a mi caballero andante. Ahí estaba de pie, un hombre que yo había pensado que era una amenaza, con una sonrisa de querubín en la cara. Levantó la otra mano, se tomó el sombrero y con un gesto caballeresco, lo llevó a la altura de su pecho. "Buenas noches, señora", dijo a través de un hueco entre sus dientes.

Era tan joven, sólo un niño, pero ¡qué buen niño! Un hombre floreciente, en uno de sus primeros empleos, contento consigo mismo y amando el mundo. Me hubiera gustado llamar a su madre y decirle qué buen trabajo había hecho al educar a su hijo. Pero, de alguna manera, creo que ella ya lo sabía.

ANN BENSON

¿Qué harías si supieras en qué no podrías fallar?
—AUTOR DESCONOCIDO

POR AMOR A LOS ALUMNOS

*E*n casa nunca había paz y tranquilidad. *Yo había nacido de un padre profesor de universidad.* Ningún estudiante se escapaba de su compasión cuando así lo hacía sentir, o de su furia, cuando su rendimiento era mediocre. Sus clases estaban siempre llenas de estudiantes de todo tipo, opinión y descripción. Su carga de enseñanza excedía a la de cualquier otro miembro de la facultad, aun cuando su materia no era ni muy popular ni "fácil".

Y cuando los alumnos no estaban en el salón de clase, estaban en nuestra casa. Hablando y riéndose, jugando bádminton y croquet en nuestro gran patio, cocinando hamburguesas en nuestra parrilla, compartiendo—dudosa y tímidamente al comienzo, pero luego con la creciente confianza que nace de la aceptación y el respeto—sus sueños, sus planes para el futuro, su conocimiento, cada vez mayor, de quiénes eran, de qué tenían que ofrecer y de cómo pensaban realizar todo eso.

Papá los alimentaba en clase y mamá alrededor de nuestra mesa con su propia marca de amor—su generosa cocina sureña—. Ella tenía un agudo sentido de cuándo ser espartana y cuándo verter abundancia sobre otros desde su propio recipiente de alabastro.

No teníamos mucho dinero, de forma que mamá había ahorrado todas esas moneditas sin dueño que por ahí hallaba perdidas. Recuerdo el día en que las sacamos, las contamos y fuimos hasta Raleigh para comprar el mantel de sus sueños. Era blanco, bello y de lino puro.

Desde ese momento, el mantel estuvo siempre sobre nuestra gran mesa del comedor. Al final de cada día, con un buen aroma que llenaba el ambiente, mamá recorría la casa y el patio invitando a aquellos estudiantes que jamás habían comido con nosotros, a que se unieran a nuestra familia alrededor de la mesa: un lugar especial donde reíamos, nos hacíamos bromas, examinábamos temas del momento, tomábamos resoluciones y establecíamos objetivos.

Al final de la velada, mi madre le daba a cada estudiante un lápiz con una punta muy roma, y les decía: "Firma tu nombre en el mantel que mañana, en algún momento, sacaré mi hilo blanco de lino para bordarlo."

Recuerdo a papá que miraba a cada alumno directamente a los ojos al tiempo que les decía: "Queremos tu nombre en el mantel porque llegará el día en que podremos decir que *tú* comiste aquí cuando sólo eras un estudiante."

Cada vez que veo ese mantel, que ahora es mío, miro los nombres bordados de gobernadores, el nombre de Arnold Palmer y los de gente que han dejado una profunda huella en nuestro mundo de la medicina, las leyes y el ministerio. Me pregunto cuántos de aquellos alumnos, cuyos nombres cubren el mantel, tuvieron éxito simplemente porque un viejo profesor y su amorosa esposa les dieron el regalo del estímulo.

EMORY AUSTIN

NOTA DE AMOR

*U*na *soleada tarde de mayo, cuando las rosadas azaleas, las* moradas glicinas y los blancos cornejos pintaban nuestro jardín trasero con brillantes colores que podrían ser la delicia de cualquier niño, mi esposo Allen llamó para decirme que, finalmente, parecía que había un bebé disponible para la adopción.

No perdimos tiempo en ponernos en contacto con el abogado a cargo de este caso y, de inmediato, descubrimos que la fecha límite era *ahora*. La madre natural podría recoger las solicitudes esa misma tarde. Con el reloj avanzando inexorablemente, respondí las preguntas acerca de por qué seríamos buenos padres.

Pasaron varias semanas sin saber nada.

Una tarde lluviosa vi a Cindy, quien trabajaba con el abogado, en el correo. Le pregunté: "¿Se ha sabido algo?"

Con ojos abatidos, respondió: "Lo siento. La madre vino a buscar la solicitud, pero ha desaparecido."

Desilusionada, le comuniqué esta noticia a Allen.

En los meses que siguieron, pensé en cómo habría sido todo y me pregunté qué habría pasado con la madre.

En diciembre, recibí una llamada inesperada de Cindy que exclamó: "¡La chica ha regresado, los seleccionó a ti y a Allen!"

Jamás antes habían estado nuestras vidas en tal estado de caos. Ambos ejercíamos nuestra profesión a tiempo completo, y Allen tenía algunos trabajos extras con el fin de convertirse en alcalde de nuestro pueblo. Sin embargo, estábamos entusiasmados ante esta "posibilidad", a pesar de que, una y otra vez, nos habían advertido que no tuviéramos demasiadas esperanzas. Pero, ¿cómo no tenerlas?

De esta manera, comenzó la cuenta regresiva.

De inmediato, quise ordenar papel para la pared de la recámara del bebé, hasta que Allen me rogó: "Por favor, Debbie. Nada de decoraciones y nada de *baby showers*. Si no funciona sufrirás una tremenda decepción." En lugar de todo esto, nos ocupamos de los asuntos financieros y médicos. Una trabajadora social inspeccionó la casa—y a nosotros—. Tuvimos que hacernos exámenes clínicos obligatorios, incluyendo revisión médica total y análisis de enfermedades venéreas.

Esta última experiencia me llevó a pedirle al abogado que consiguiera una historia médica completa de la madre natural. La petición dio por resultado el intercambio de una serie de notas que rebotaban de atrás para adelante, entre la madre y yo. Finalmente, nuestra correspondencia dejó de referirse a temas de salud para pasar al siguiente tipo de preguntas: ¿Qué considera que es un hogar *feliz,* una *buena* educación, una disciplina *apropiada?*

Poco a poco, empecé a pensar como una madre. Juntas nos preparábamos para el nacimiento de un bebé—el suyo y el mío.

Y aunque parezca raro, esta extraña se convirtió en una amiga.

Aunque ninguna de las dos deseaba un encuentro en persona, nuestras notas revelaron que compartíamos intereses comunes, como el teatro, caminar en la playa y leer. Aun nuestra letra era casi idéntica. También descubrí que sabía expresarse bien, que tenía sentido del humor, que era madura y poco egoísta en su deseo de dar a su hijo una familia amorosa.

Un frío día de febrero, recibí una jubilosa llamada de Cindy: "¡Felicitaciones, tienen una nena!"

"¿Está bien? ¿Cómo está la madre?" Yo estaba en éxtasis.

"Ambas están bien, muy bien", dijo Cindy, riendo.

Con lágrimas escurriendo por la cara, llamé a Allen. Casi no podía hablar. "¡Tenemos una niña!"

En unas horas, todos en nuestro pequeño pueblo sabían que nuestro bebé había nacido. Algunos amigos nos prestaron la sillita para el auto y la cuna, y algunos curiosos nos observaban correr de una tienda a otra, apilando pañales, vestiditos, botitas y frazaditas de color pastel en el carrito.

Mientras tanto, la madre natural tenía al bebé en sus brazos para asegurarse que estaba sanita. Inexorable en su posición de que nadie, excepto nosotros, adoptáramos a la bebé.

En menos de 24 horas llegaron docenas de ramos de flores, y globos rosas flotaban sobre nuestro buzón de correspondencia. Y lo mejor de todo, nuestra hija llegó a casa con nosotros.

Meredith agarró el dedo de su papá al tiempo que yo le quitaba los calcetines para contarle los deditos de los pies. "Este puerquito fue al mercado" . . . le canté, mientras Allen reía. "Y su nariz es como la tuya", dije. De hecho, ¡sí se parecía a Allen!

Cuando saqué las cosas de la bolsa de regalos del hospital, vi la última carta de mi amiga metida bajo las toallitas y la loción de bebé. Todavía no me sentía capaz de leerla.

Enamorarme de Meredith fue algo muy natural, pero no esperaba que me hubiera pasado lo mismo con un extraño cuando Allen y yo tomamos la decisión de adoptar. Y sí me enamoré, pues llegué a querer a la madre natural. A Dios gracias, Meredith siempre nos unirá.

Así pues, con lágrimas brotando de mis ojos, leí su nota llena de amor que terminaba: "Le di la vida, ahora tú le das amor." Mi nota de respuesta habría dicho: "¡Así será, siempre!"

DEBRA AYERS BROWN

EL SOÑADOR SUSTITUTO

Me molestó el sonido del teléfono pues trataba de alistar la comida y de terminar una investigación que tenía que entregar al día siguiente. Estábamos en plena época de exámenes finales de mi programa de graduados. Así es que pensé dejar que sonara y se grabara en la contestadora, pero cambié de opinión. Era mi mejor amiga, Janice, para decirme que su esposo, Stephen, había muerto en sus brazos hacía sólo unas horas, al sufrir un ataque al corazón mientras bailaban.

La noche antes los había invitado a cenar. Dado que los fines de semana eran los días que dedicaba a estudiar más, era raro que yo planeara ni aun la más pequeña de las invitaciones—especialmente una semana antes de los finales—pero sentí una gran necesidad de verlos. Me dije que era sólo una reunión informal con amigos de toda la vida. Además, mi esposo y yo teníamos ganas de que nos contaran de su reciente viaje en crucero al Caribe, para celebrar su décimo aniversario. Estaban muy enamorados, realmente como adolescentes, y eran muy felices juntos.

Instintivamente, había preparado el menú favorito de Stephen: filetes a la parrilla, ensalada, puré de papas y tarta de lima. Después de cenar, nos enfrascamos en una conversación larga y profunda hasta desacostumbradas horas de la noche. Reflexionando acerca de esa velada, creo que hubo un sentido de conclusión y de unión más profunda con estas dos personas especiales; también hicimos planes para tomar juntos unas vacaciones al Caribe la próxima primavera. Stephen era un hombre grande como un oso y daba unos tremendos abrazos. Ojalá hubiera sabido, cuando se fueron, justo después de la medianoche, que ese abrazo de despedida iba a ser el último que recibiera de él.

En lugar de hacer mis exámenes, me pasé los días que siguieron ayudando a Janice con los detalles que implican una muerte repentina. Stephen tenía sólo 44 años. Además del choque y de afrontar las emociones, había multitud de decisiones y logísticas de la vida que considerar. La intensidad de la experiencia era abrumadora, pero las creencias espirituales que compartíamos fueron un aura luminosa en la oscuridad, de nuestra pena. Stephen había sido amado por todos los que lo conocían, y el profuso amor, cuidados y ayuda que Janice recibió, me permitieron volver a mis estudios.

Mi amiga tenía esperanza de alcanzar a Stephen a través de sus sueños—conectarse con él como en una forma vital de energía—, pero no pudo. Sabiendo que las emociones pueden bloquear los sueños, le aseguré que volverían cuando ella se sintiera más fuerte.

Tres días después del funeral, Stephen se presentó ante mí en un vívido sueño, usando el smoking—con faja y todo—que había llevado al crucero con Janice. Lo vi perfectamente: radiante, sonriente y robusto. Especialmente, me di cuenta de sus zapatos, muy brillantes y muy formales. Pensé que esto era extraño, pues él siempre había sido muy informal en su vestir; raramente usaba corbata y mucho menos un traje.

Janice permaneció tranquila mientras le contaba mi sueño. Sin que yo lo supiera, había decidido la cremación de Stephen el día anterior y lo habían vestido con la ropa con la que yo soñé. Los zapatos eran unos, de entre varios pares, que acababa de comprar. Era como si este detalle subrayara la autenticidad de la experiencia que tuve al soñar con él, y fue el primero de muchos otros.

En otro sueño, Stephen, caminando por la playa, me dio el mensaje específico de que Janice escuchara la *Canción de Annie*, de John Denver. Me entregó un casete.

A la mañana siguiente, le conté a mi amiga este sueño. Ambas lloramos al oír juntas la letra de esta canción: "Déjame ahogar en tu risa, déjame morir en tus brazos. . . ." Estoy convencida de que Janice pudo recuperarse más fácilmente al saber que Stephen la cuidaba personalmente.

Hasta que llegó el momento que Janice pudo soñar con él, me convertí en "el soñador sustituto". Los íntimos lazos de nuestra amistad y el amor que nos teníamos fueron como una unión fértil para la comunicación de los sueños, que no estaban disponibles para ella en su estado emocional alterado. A medida que su pena disminuyó, volvieron a ella los sueños y las imágenes de Stephen. Los míos comenzaron a disminuir y llegaron a una culminación extraordinaria una primavera, unos cuantos años después, durante un viaje con mi esposo al Caribe. Brindamos por él y le deseamos "Feliz Viaje" al hacer el recorrido que habíamos planeado juntos la noche anterior a su muerte.

MARLENE L. KING

ENTREGA INMEDIATA

Tenía año y medio de salir con Josh. Era mi primer amor, alto, guapo y con una sonrisa juvenil. Poseía la misteriosa virtud de hacer reír a todos los que le rodeaban, especialmente a mí. Lo adoraba.

Josh era maestro en dar sorpresas. Tenía una forma exclusiva y maravillosa de expresar sus sentimientos, como cuando, con frecuencia, yo encontraba rosas en la escalera de entrada a mi casa o notas en el parabrisas del auto. En una ocasión, llegó de improviso a mi departamento en un sedán café de cuatro puertas. Cuando caminábamos hacia el auto, me explicó que lo mejor del auto era el enorme tamaño de la cajuela. ¿Cómo era posible que estuviera tan emocionado por una simple cajuela, cuando el auto tenía tantos otros aditamentos interesantes? Al levantar la portezuela de atrás, me di cuenta de por qué ese espacio era tan especial. En ella había una docena de rosas para mí.

Y cuando me dijo que estaba planeando una sorpresa para mi vigésimo cuarto cumpleaños, mi imaginación se desbordó. En ese momento, nuestra relación era a larga distancia, él en Connecticut y yo en Wisconsin.

Tres días antes del cumpleaños, Josh llamó para averiguar dónde estaría yo la noche anterior. "¿La noche anterior?", pregunté. "¿Por qué es tan importante esa noche?"

Me explicó que su regalo llegaría, aproximadamente, a las 12:01 de la madrugada del 14 de octubre, mi día, y quería que su regalo fuera el primero que yo recibiera.

Le dije que jamás encontraría un servicio que entregara paquetes durante las 24 horas del día.

"Por el contrario", dijo. "Hago tratos con muchas compañías que sí hacen ese servicio, siete días a la semana." Me pidió que esperara el paquete de la compañía Servicio Rápido Russell, el 14 de octubre a las 12:01.

Creo que conté las horas, quizás los minutos, hasta que llegó esa noche. ¿Qué podría ser mejor que un boleto de avión a Boston y un video casero del follaje en otoño de esa ciudad, que habían sido sus regalos el año anterior?

Josh habló nuevamente la mañana del 13 y ahí le aseguré que lo llamaría tan pronto como llegara el paquete.

Esa noche, trabajé tarde y llegué a casa a eso de las nueve. Mi compañera de cuarto y yo decidimos relajarnos y mirar televisión hasta que trajeran el regalo. Sin embargo, cansadas después de un largo día, ambas decidimos acostarnos. Eran como las once y media.

"No puedo imaginarme cómo pudo encontrar una empresa que haga entregas las 24 horas del día", dije a mi amiga, por centésima vez. "Llegará mañana en la mañana."

Justo cuando estábamos a punto de apagar las luces, sonó el timbre. Mi corazón dio un respingo. Corrimos hacia la puerta y, en pijamas como estábamos, la abrimos totalmente.

"¿Es usted Lisa?", preguntó la mujer que estaba frente a mí. "Sí", dije.

"Tengo un paquete para usted."

Y con esas palabras, llegó mi "entrega inmediata" dando la vuelta a la esquina. ¡Era Josh! Josh, el maestro de las sorpresas y el campeón en hacer sentir a una mujer que ella es especial. ¡Realmente, fue el primer regalo del día!

Tanto Josh como yo tenemos ahora nuevos amores en nuestras vidas, pero su recuerdo permanece conmigo. Gracias a él y a lo mucho que se esforzó en agradarme, pongo atención a las sorpresas que yo pueda inventar para las personas especiales que amo. Josh fue un maestro para mí. Me enseñó, siendo muy joven, que en lo que se refiere a asuntos del corazón, *las cosas pequeñas son grandes.*

LISA JUSCIK

RITUALES QUE TOCAN
EL CORAZÓN

Recientemente hablé en una conferencia junto a Mary LoVerde. Ella se especializa en la manera en que los rituales familiares tocan nuestras vidas. Sabiendo que entre nosotros todos somos maestros, les pedimos a las mujeres en el auditorio que compartieran estos rituales que hacían con sus familias.

Para darles ánimo, les describí un ritual familiar que ha tenido un impacto duradero en mi vida desde que era una niña. Mi padre comenzó a escribir poemas con cada regalo de Navidad que nos daba. Ahora, toda la familia los escribe, y cada año nuestra experiencia de Navidad dura toda la mañana porque cada miembro de esta familia, en aumento, con nuestros hijos, sus esposas, primos, tías y tíos, leen los poemas que les tocan con sus regalos.

Cuando nuestros hijos fueron creciendo, empezaron con poesías simples como: "Rojas son las rosas y azules las violetas. . . ." Con frecuencia, estas notas nos daban una idea de lo que había en el paquete, y ha sido fascinante ver cómo los jóvenes poetas fueron progresando. El año pasado, Rick, nuestro hijo de 23 años, recibió un gran aplauso por éste: "Contigo a solas en clima tempestuoso, / fuera de casa vistiendo algodón y no cuero. / Pensando en el ayer con la lluvia que moja tu cabeza, / recuerdas la pasada Navidad—todos los regalos, toda la comida. / Uno sobresale de ese año 96 / el que fue de mí para ti, el viejo duende Rick . . ." y así continuaba.

En todos esos años, los poemas así recopilados se convirtieron en un tesoro para toda la vida. Mientras que, con el tiempo, el regalo puede ser olvidado, los poemas no. Guardamos estas gemas, cuidadosamente, en un pequeño baúl, y si llegara haber un incendio en la casa, una de las primeras cosas que intentaría salvar sería ese baúl, con su contenido tan especial.

Hace diez años, mi esposo colocó una bolsita cerrada de té de la marca Dulces Sueños en el bolsillo de mi chaqueta. Era su manera de decirme: "Estoy pensando en ti", ya sea que esté en casa o viajando. Sin decir una palabra, continuamos intercambiando esa bolsita, que ahora ya está arrugada, en los bolsillos de la ropa del otro que cuelga en el clóset. Cuando la encuentro en uno mío, espero unos días para ponerla en uno de él. Nunca sé cuándo ese "dulce" mensaje me hará sonreír nuevamente.

Hace poco, regalé a mi nuera una carretilla decorativa para ponerla en el pórtico frontal de su casa. Yo también tengo una y ambas estamos empezando la tradición de juntarnos para llenarla con objetos de temporada: calabazas en Halloween y muérdago en Navidad.

Después de contar estas historias, las mujeres comenzaron a describirnos sus rituales preferidos. Una de ellas acostumbra frotar la espalda de sus hijos cuando se disponen a dormir. Otra de ellas, diariamente, ¡le da un mordisco al bocadillo del almuerzo de su esposo antes de empacarlo!, y así, aun cuando no se encuentran juntos durante el día, están conectados.

Otra más, me emocionó mucho cuando se levantó para compartir con nosotras lo difícil que ha sido para ella estar tan lejos de su nietecita. Quería sentirse cerca de ella pero no sabía cómo. Esta abuela esperó a que la solución perfecta se presentara como una revelación. Llamó a la nieta para contarle una idea que, desde entonces, se ha convertido en un ritual entre ambas. "Te quiero tanto", le dijo a la niña, "¡y ya sé la manera como, cada día, podemos sentirnos más cerca! Cada noche, antes de acostarte, mira al cielo por la ventana y trata de encontrar la luna. Cuando la veas, piensa en mí. Y cuando yo me acueste, también miraré por la ventana, encontraré la luna y pensaré en ti."

He aprendido a poner atención a las maneras significativas que puedan existir para acercarnos a la gente que queremos a través de rituales. Desde simples actos, hasta grandiosos, la riqueza de nuestras vidas está en proporción a los regalos que damos de todo corazón.

KAY ALLENBAUGH

UNA LECCIÓN
PARA TODA LA VIDA

"Si lo roban, lo roban", *dijo mi confiado esposo Tim, al tiempo que* se metía a la ducha y se alistaba para comer.

Nuestra camioneta de mudanza estaba cerrada con llave bajo una luz de seguridad en el estacionamiento del motel. Pensé que mi ansiedad se debía al cansancio extremo después de tantas horas de manejo, de las mil preguntas de los niños y de mis lágrimas. Estábamos dejando Cincinnati, donde teníamos muchísimos amigos y una iglesia que significaba mucho para mi familia. Emociones entremezcladas nos habían acompañado mientras Tim manejaba la camioneta y nosotros lo seguíamos en el auto.

Cuando nos detuvimos en Corbin, Kentucky, para comprar gasolina, Tim y las niñas decidieron que celebraríamos nuestro aniversario, algo que casi se nos olvida. Eran 14 años para celebrar y además, también el hecho de que nos estábamos mudando a Georgia, donde estaba nuestra familia y donde Tim ejercería un apasionante ministerio en la universidad.

A la mañana siguiente, Tim se vistió temprano y salió a revisar la camioneta. Yo le hacía trenzas a J.J., cuando él entró repentinamente, diciendo que no la encontraba.

"¿Cómo que no la encuentras?", dije. "¿Cómo es posible que pierdas una camioneta de ese tamaño?" Las palabras se tropezaban en mis labios y quise retractarme de inmediato al ver la palidez en su rostro. Missy comenzó a llorar. Sabía, por su tono de voz, que papá no estaba bromeando. En ese momento, realmente empezamos a percatarnos de la gravedad del asunto.

Las horas que siguieron las recuerdo borrosas. Vino la policía y nos hizo cientos de preguntas. Telefoneamos a la compañía que nos había alquilado la camioneta, a nuestra familia y a varias compañías de seguros. Regresamos a nuestro cuarto después de hacer un valiente esfuerzo por desayunar y hacer una lista del contenido de nuestra mudanza. En todo este tiempo, sentí un enorme nudo crecer y crecer en la boca del estómago. Empecé a darme cuenta de esta realidad, y cuando mi cerebro empezó a funcionar, me entró pánico. ¿Qué haríamos? ¿Cómo podríamos sobrevivir? No teníamos ahorros y, por tanto, ¿cómo podríamos reponer lo perdido?

Tim nos sugirió que rezáramos. Yo no sentía ganas de rezar y sospeché que él tampoco. Sin embargo, nos tomamos de las manos y oramos con humildad y sencillez. Entre sorbos y sollozos, pedimos que nuestras cosas regresaran. Agradecimos a Dios que ninguno hubiera salido lastimado y que nos tuviéramos unos a los otros, lo cual era nuestro verdadero tesoro. Mientras esperamos, sólo los vehículos que pasaban interrumpían el silencio de esa mañana.

Esa tarde, nos llamó la policía: ¡habían recuperado nuestra camioneta en un camino vecinal. Nuestras esperanzas aumentaron! Cuando llegamos al lugar donde la habían dejado abandonada, nada más encontramos el escritorio de Tim y algunas cajas con libros. Sólo más tarde nos dimos cuenta de que Tim tenía justo lo que necesitaba para comenzar su nuevo ministerio. Más recursos llegarían después.

No podía contener las lágrimas cuando recogía las cartas de amor regadas por todo el piso de la camioneta. La violación de mi intimidad era más de lo que podía soportar. Busqué en las cajas de libros y papeles el álbum de bebé de nuestras hijas y el de nuestra boda, pero no estaban. ¿Quién haría algo así? ¿Quién querría robar cosas que no tenían otro valor que el sentimental?

Esto ocurrió hace 15 años, y cada vez que cuento esta historia, me maravillo ante la respuesta de familiares, amigos, conocidos y desconocidos, pues ellos, vertiendo todo su amor, nos regalaron más de 16 mil dólares en efectivo, más ropa, cosas para la casa, comestibles, juguetes, bicicletas, aparatos eléctricos y toneladas de tarjetas y cartas.

El robo de nuestras pertenencias es un punto de referencia para nosotros. Hablamos de cosas que ocurrieron "antes del robo" o "después del robo". Es y siempre será, un evento significativo en la historia de nuestra familia. Pero no es negativo. De muchas formas fue "un robo de bendición", puesto que al quitarnos el peso de las posesiones mundanas, aprendimos una lección para toda la vida: a perdonar.

SHEILA S. HUDSON

X
REFLEXIONES
MÁS PROFUNDAS

"Algunos días no habrá una canción en tu corazón.

Canta, de todas formas."

—EMORY AUSTIN

CUATRO BODAS
Y UN MILAGRO

Los niños no aprenden el alfabeto en una sola lección, pues esto lleva tiempo y repetición. Entonces, ¿por qué esperábamos que los hijos pequeños de mi esposo captaran fácilmente el significado del matrimonio de su padre con una mujer que no era su madre, por una simple ceremonia?

Justine y Tyler tenían siete y cinco años cuando Doug y yo nos comprometimos. Después de un año de novios, me sentí muy afortunada de que me dieran la bienvenida a sus pequeños mundos en una forma tan abierta y tan amorosa. Y, sin embargo, detrás de cada sonrisa existía la sombra de la aprehensión. Mientras que Justine me preguntaba por qué las madrastras de los cuentos eran siempre malas, Tyler quería saber por qué su papá y yo no podíamos ser solamente amigos. Doug y yo nos preguntábamos cómo hacer una ceremonia nupcial que nos ayudara a construir un nuevo núcleo familiar. No iba a ser suficiente un par de frases de "sí, acepto", ni la música de fondo del *Canon* de Pachelbel. Fue entonces cuando decidimos tener una serie de ceremonias, una en cada estación de nuestro primer año juntos.

La primera de ellas tuvo lugar en nuestra sala, frente a un grupo de amigos y un buen fuego en la chimenea, en el solsticio de invierno de 1994. Después del intercambio de anillos, el ministro invitó a Justine y a Tyler a unirse con nosotros en el hogar. Fue una oportunidad para mí de expresar mi amor y de declarar mi compromiso hacia ellos como madrastra. "Siempre recuerden", les dije, "que tienen una mamá para cuidarlos como madre y un papá para cuidarlos como padre. Y ahora, como madrastra, mi labor es ser su ángel guardián." Como un recuerdo de mi amor, les regalé unos pequeños ángeles de cristal. Esa noche, se acostaron saturados de pastel y dulces, cada uno aferrado a su angelito. Antes de quedarse dormida, Justine sonrió y, susurrando, le dijo a una amiga de la familia: "Imagínate, cuando despierte mañana, Kate será mi madrastra."

De esta manera comenzó mi vida de madrastra. Nadie, excepto un padrastro o una madrastra, sabe el doble filo que puede tener un cuchillo. En los libros se dice que uno sólo debe de ser amigo pero, a medida que avanzaban los días en mi papel de nueva mamá, me vi envuelta, cada vez más, en obligaciones de madre. Por encimita, tenía una buena relación con Doug y con los niños, pero bajo mi lustroso y bien comportado enchapado, empezaban a hervir las primeras olas de resentimiento. Hacía todo lo que Doug y su ex esposa hacían y, algunas veces más, pero nunca me sentía recompensada. Cada vez que escuchaba a Justine decirle a su padre, con una vocecita cantarina, "Te quiero, papi", surgían en mí sentimientos de irritación hasta que, peligrosamente, me veía a punto de gritar: "Oigan, ¿y yo qué?" En un grupo de apoyo para madrastras me enteré con tristeza que tenía que acostumbrarme a esos sentimientos, pues las frases como "te quiero" estaban reservadas para las verdaderas mamás y papás. Me decían con frecuencia que "nada menos que un milagro hará que un niño le diga eso a su madrastra, aunque esté muy contento con ella".

Sentía una gran energía los primeros días de la primavera, y llegué a nuestra segunda ceremonia nupcial con un renovado sentido de confianza y alegría. Doug y yo dijimos el juramento frente a un grupo de 200 personas, entre amigos y familiares. Repetí mis promesas a Justine y a Tyler, honrando a su mamá y a su papá, y recordándoles que yo seguía siendo su ángel. Esta vez, les regalé unos tótem en forma de animales: un pequeño zorro de madera para Justine y un pequeñísimo ratón peludo para

Tyler. Estaban tan emocionados que, prácticamente, me arrancaron a esas criaturitas de las manos.

Llegó el verano y, de la misma manera, la ceremonia número tres, esta vez con mi familia en Iowa. Por tercera vez, repetí mi juramento a Doug y a sus hijos. Regalé a Justine y a Tyler unos atrapasueños, piezas artísticas de los indios norteamericanos, explicándoles que, siendo yo su ángel, les ayudaría a atrapar sus sueños. Con orgullo los colgaron en las cabeceras de sus camas del pequeñísimo cuarto del motel y luego comenzaron a recordar la serie de ceremonias y los símbolos que yo les había dado.

Abrumada por el cansancio de viajar con niños y de compartir mi bolso, mis bolsillos y el cuarto de un motel con ellos, me sentí cada vez más distante. Estaba gastando una enorme cantidad de energía intentando resistir la tentación de ahogarme en la autocompasión.

Al anochecer, fuimos a pasear con los chicos a un campo de maíz cercano para que pudieran ver, por primera vez, las luciérnagas o bichitos del rayo, como acostumbrábamos llamarlos. Fue un momento como sacado de un cuento de Disney: los campos iluminados con pequeños seres de luz realizando un antiguo ballet aéreo y si se escuchaba con atención, se podían oír los suaves compases de una sonata de grillos. El aire pesaba por la humedad y por el aroma del pasto del verano. Repentinamente y sin previo aviso, Justine vino y me tomó de la mano. En silencio caminamos a lo largo de la polvosa senda en el campo, y compartimos el esplendor de este sueño de la vida real. Y entonces lo dijo, callada y dulcemente, con esa vocecita melodiosa reservada para su papá: "Te quiero, Kate." Un millón de luciérnagas salieron de mi corazón al tiempo que le respondía: "Yo también te quiero, Justine." Se quedó en silencio por un momento, visiblemente nerviosa. Finalmente, me confesó: "Siempre quise decirte eso, pero tenía miedo de que si te quería, eso significaba que ya no quería a mi mamá." Le pregunté si ahora comprendía la diferencia, y me dijo que sí, y que también entendía las similitudes.

En ese otoño, se llevó a cabo la cuarta y última de las ceremonias, de vuelta en nuestra sala, con la misma gente de la primera boda. Celebramos el equinoccio de otoño haciendo honor a la cosecha y reafirmando nuestras promesas. Esta vez, di a los niños animales más grandes, en honor al amor, más grande también, que compartíamos: un unicornio para Justine y un gran ratón para Tyler.

Creo que al igual que aprender el alfabeto, se necesitaron cuatro ceremonias nupciales para que los niños se familiarizaran con nuestro nuevo grupo familiar. Y no sólo ellos, sino también Doug y yo. Ahora, cuando se presentan malos ratos, en lugar de dejar que mis sentimientos corran de la A a la Z, puedo reflexionar en el ritmo de las estaciones y recordar aquella noche especial de verano en Iowa. Ya no habrá más ceremonias, pero las luciérnagas de verano que viven en mi corazón durante todo el año, ya se están preparando para nuevos milagros.

KATE MCKERN VERIGIN

¿TIENE EL PECHO UN ALMA?

Ya hace más de tres semanas que escuché la temida noticia: tenía cáncer extensivo de mama. Los médicos calculaban que ya lo tenía desde hacía unos dos años. El tumor era grande y en base a consultas con otros doctores, mis alternativas eran limitadas. Tendrían que extraérmelo. No me tomó mucho tiempo pensar en mi esposo y mis hijos, y decidirme por la cirugía; pero la idea de perder parte de mi cuerpo no penetraba en mi psique. Durante días, antes de la operación, me paraba frente al espejo mirando mis pechos y tratando de imaginarme cómo sería tener sólo uno. Me cubría uno y me volteaba de un lado para otro como si me estuviera probando un vestido nuevo.

Este cáncer no llegó en un momento conveniente. Ninguno lo hace, de todas formas. Pero mi compañía de ventas internacionales estaba en proceso de lanzar un producto nuevo de importancia en la cuenca del Pacífico. En sólo cinco días teníamos que vernos con un grupo de 15 distribuidores en Tailandia. Al sentarme en mi escritorio con miles de folletos, manuales y planes de viaje sobre las rodillas, fue asombroso cómo las reuniones en Bangkok, las crisis urgentes de la oficina y las demandas constantes del mundo exterior, desaparecieron. Todo lo que ahora importaba era mi supervivencia y pasar tiempo con mi familia. Repentinamente dejé todo diciendo no a las tareas y gente con la que no deseaba pasar más tiempo. Por primera vez en mi carrera, no le dije a mi familia que tenía mucho trabajo que hacer, que no podía hacerles la comida, llevar a los niños al cine o salir a cenar con mi esposo. Por primera vez dije: "El trabajo puede esperar, pero ellos no."

La mañana anterior a la cirugía, salí a desayunar con uno de mis mejores amigos. Sentada, viéndolo comer tocino y huevos, le dije una y otra vez: "No quiero hacer esto. Quisiera estar en cualquier otro lado y no aquí. No quiero perder mi pecho." Al llorar, me acarició la cabeza como un padre que consuela a su hijo. "Sólo es una piel", dijo. "No es importante." Pero las lágrimas siguieron brotando y no por miedo a la operación, sino por miedo a perder parte de mí misma. "¿Cómo sabes si seré la misma persona cuando todo esto haya terminado? ¿Y si pierdo parte de lo que soy?"

Mi amigo me consoló hasta que llegó la hora de ir al hospital. Mis padres habían volado desde el otro lado del país para estar conmigo y mi esposo se nos reuniría desde su trabajo. Todos nos juntamos en mi cuarto, pero durante la hora anterior a la operación, como estaba muy inquieta, les pedí que se fueran. Como mi mente no se aquietaba, las enfermeras intentaron darme un tranquilizante. Les dije: "No, tengo que aclarar esto en mi mente."

Entonces se me ocurrió pensar: "¿El pecho tiene alma? ¿Estoy matando algo que es un ser tan vivo como yo?" Supe lo que tenía que hacer. Debo agradecer y decir adiós a mi seno.

Busqué en el cuarto y encontré un viejo sobre; le pedí un lápiz a la enfermera. Nuevamente, trató de darme un sedante, pero sabía que nublaría mi conciencia. Estaba decidida a escribir todo lo que pasaba en mi mente. Casi todos me habían dicho: "Sólo es una piel que no es necesaria." Pero eso no era lo que yo sentía. Yo sentía que era parte de mí y yo parte de él. Me pregunté: "¿Dónde están mis sentimientos? ¿Están sólo en mi corazón?"

Continué pensando: ¿Cómo sabe esa gente que mi alma no está en el seno? Antes de que se lo llevaran, quería mover la parte que soy yo y que estaba ahí.

Quería agradecer a mi pecho por todo lo que me había dado. Me había ayudado a saber que de ser una niña, ya era una mujer.

Había alimentado a mis bebés y lo había hecho bien. Me había dado forma, placer a mi esposo y placer a mí. ¿Podría sentirme completa sin él? ¿O es que todavía estaba enojada con él por haberme traicionado? Era como si se hubiera confabulado contra mí: yo, que lo había cuidado todos estos años . . . yo, que me había enorgullecido tanto de él. ¿Cómo podía rechazarme de esta manera? Hace muchos años, cuando acababa de dejar la universidad y trataba de salir adelante por mí misma, les dije a mis padres que tenían que dejarme ir, que el momento había llegado. ¿Estaba yo lista para decir adiós a mi pecho de esa misma manera? ¿Podría decirle que el momento había llegado?

Entonces comencé a visualizar la parte de mí que residía en mi busto, moviéndose hacia los brazos, las piernas, el estómago y el corazón. Justo al terminar, escuché a los camilleros en la puerta. Venían a separarme de mi pecho. Pacíficamente, miré a la enfermera y le dije: "Está bien, ya es hora. Ya hice luto por mi pecho, le he dicho gracias y he movido la parte de mi alma que está en él a otras zonas de mi cuerpo. Ya lo pueden separar. Después de todo, sólo es una piel."

LYNNE MASSIE

"Para lograr un matrimonio venturoso,
se requiere volverse a enamorar muchas veces,
siempre de la misma persona."
—Mignon McLughlin

TODO LO QUE BRILLA

Claro que sí lo recuerdo. A mamá no le gustaba, pero a mí sí: Sam Elliot en smoking, con su cabellera plateada colgando atrás en una cola de caballo, con su bigote y oliendo a Brut. Era la personificación de la seguridad en sí mismo. No estoy segura de si lucía más seguro cuando usaba el smoking en Navidad o cuando se acomodaba con sus largas piernas sobre el asiento de su poderosa Harley. Yo me escurría tras él y soñaba sueños traviesos, con los brazos envueltos alrededor de su cintura como si fuera un cinturón nuevo. Era todo lo que mi madre no deseaba para mí.

Ahora bien, mamá prefería al presidente de compañía con el que yo salía. Portaba ropa de Armani y cargaba un ingreso de seis cifras sujeto a su costado como si fuera un vaquero de la época moderna. También usaba cola de caballo, pero recortadita y muy *chic*. Lo suficiente para mantenerlo joven. Un Brad Pitt cualquiera. Una vez, caminé con él por toda la línea de producción, y cuando vi lo distante que era al hablar con los soldadores, los afiladores y con las mujeres en el ala de acabados, me escabullí de él. Nuevamente.

¡Encuentra un buen hombre! ¡Sienta cabeza! Mis amigas y yo pasábamos de los ruegos persistentes de nuestras madres a pasar el tiempo en bares y restaurantes locales para solteros, intentando parecer indiferentes, mirando ansiosamente por encima de la apretada muchedumbre a ver si veíamos hombres que fueran apropiados y que olieran bien. Oye, ¿es él?, al tiempo que nos arreglábamos el pelo y mirábamos nuestro trasero de reojo en un espejo. Era 1992, y una mujer no necesitaba a un hombre para sentirse completa. Entonces, ¿por qué seguíamos buscándolo?

Porque en algún lugar el hada madrina continuaba hilando y nosotras seguíamos con la esperanza de que allá afuera, en el mundo, había algo más para nosotras que Rumpelstiltskins o duendes. ¿En dónde diablos estaba ese famoso príncipe?

Así que un día en mi empleo en una fábrica, al levantar la cabeza que tenía metida en la cubeta de repuestos, me enamoré pasando por encima de todos en ese cuarto; quedé algo más que sorprendida. No me digan que una chica que ha sido criada entre magnolias, guantes blancos, sol sureño y cuentos de Scarlett O'Hara, pensaba que el amor llegaría en la forma de un vermontés de anchos hombros, con la facilidad de expresarse de Gary Cooper. Me tomó un tiempo darme cuenta que "claro", significaba "yo también te amo".

Pero más dulce que la miel de maple, él es tan sólido como el granito de Vermont, solemnemente gracioso y desgarradoramente práctico a la manera de Nueva Inglaterra. Puede arreglar cualquier cosa que tenga un motor y construir difíciles proyectos para la clase de ciencias para los chicos que quiere, sin lugar a dudas. También posee una reverencia por la naturaleza tan eterna como las montañas que lo vieron nacer. En silencio, pasa la mayor parte del tiempo en casa y se las arregla para desenvolverse, con una tranquila elegancia, entre una ruidosa familia sureña, sonriendo cuando otros refunfuñan y hablando sólo cuando tiene algo que decir.

Algunas veces, paso el dedo por las pecas sobre su pecho, conectando los puntos hasta que forman la constelación de la Osa Mayor, y en la segura frazada de su quietud, el milagro del amor quema mi garganta con mis lágrimas. Intrincado en su simplicidad, sin luces de bengala. Sólo pura y honesta sustancia.

Podría haber sido un empleado de gasolinera, un contador de impuestos o un jardinero. Pero, ¿que habría pasado si yo hubiera continuado buscando a Sam Elliot? Habría caminado al lado de mi hombre, sin verlo. Lo observo cuando duerme con el sueño profundo y cansado, de un hombre que trabaja duro para el sustento de su familia. Y algunas veces trato de imaginar cómo se vería sentado sobre una Harley. Pero, ¿para qué enredarse con la perfección?

MARY CARROLL-HACKETT

UN NUEVO TRATO

Hace tres años, escribí lo siguiente en mi diario: *Sólo hay silencio. El silencio, que alguna vez fue mi más deseado aliado, es ahora lo que más temo. Me he aislado en una parálisis. Selecciono la ropa para lavar, compro la comida, respondo al teléfono, amo a mis hijos y a mi esposo, pero algo me falta.*

He intentado acudir a un consejero, a Dios, a meditar, y aun con todo esto, estoy deprimida. La solución no es suicidarme en la autopista, pero la tentación es fuerte. He agotado todas las alternativas para curar mi depresión, excepto una: las drogas. Hoy es el día que buscaré ayuda profesional; pediré recomendaciones sobre un psiquiatra.

Un mes después, la psiquiatra me sentó en una silla tapizada color durazno, con una buena alfombra color verde entre ella y yo. Se sentó con las piernas cruzadas en la silla de caoba de su escritorio y, con una tabla apoyada sobre su regazo, pasó 80 minutos haciéndome preguntas y tomando nota de todo.

Me habría ido de no haber sido ella mi último recurso. Durante la "evaluación" busqué alguna señal que me indicara que ella también tenía vida. No había fotos de niños, ni diplomas sobre las paredes, excepto por el de su doctorado y cuyas letras eran demasiado pequeñas para que pudiera leerlas desde donde yo estaba. Las plantas en la habitación eran de seda y las persianas verticales estaban corridas para contrarrestar el sol de la tarde. Era un cuarto donde nada podía morir, porque no había la suficiente vida para que una muerte decente ocurriera.

Al final de la entrevista, tomó mis 175 dólares, escribió un recibo y me dio las buenas nuevas: clínicamente, yo estaba deprimida y "en vista del diagnóstico, se le puede ayudar". Abrió un archivero color crema y me dio una cura psíquica que consistía en cápsulas color verde pantano suspendidas en un celofán, junto con la hoja que explicaba los efectos colaterales y los beneficios del medicamento. Metí todo al fondo de mi bolsa.

Al siguiente día, recorrí la biblioteca buscando artículos y libros acerca de Prozac. Sólo encontré uno que se titulaba *Escuchando a Prozac*. Los artículos en *Times* y en *Newsweek* eran abundantes, pero el único que sí traía bastante información era uno de 13 páginas de la revista *Psychology Today*, titulado "La transformación de la personalidad".

Copié el artículo y pensé si realmente quería alterar mi personalidad. Sabía que ya no quería seguir estando deprimida: mi esposo ya se la pasaba leyendo pólizas de seguros y mis hijos empezaban cada una de sus conversaciones con: "No quiero que llores, pero . . ." Así de rota era mi personalidad. ¿Quería cambiar por alguien que nadie conoce, aun cuando la poca energía que me quedaba la usaba para arrastrar un pie frente al otro? Me imaginé la escena: "Hagamos un trato", diría la psiquiatra. "Cambiaré tu depresión por lo que está detrás de la puerta número dos." El auditorio gritaría consejos en conflicto y al final, sería yo la que tomara una decisión. "La puerta", diría yo. Y con esto, se levantaría el telón para revelar a Vanna White envuelta contra un pedestal de Prozac. "Estas cápsulas no cambian tu personalidad", diría la psiquiatra con una mueca. "Cambian tu vida."

Así pues, regresé al consejero, a meditar, a rezar y tomé Prozac.

Sin embargo, seguía resistiéndome: estoy acostumbrada a hacer las cosas por mí misma. Los medicamentos son para la gente que es demasiado débil para salir adelante sola. Desde la adolescencia, tuve ciclos y ritmos depresivos y siempre estaba a la espera de ese decaimiento inicial que, de todas maneras, me tomaba por sorpresa. Un mes tomando Prozac, no estaba segura, pero creo que me sentía mejor.

Seis meses de mi vida con Prozac, y buscaba con menos frecuencia los síntomas del decaimiento, casi confiando en mí misma al hacer planes a largo plazo. Planes para un empleo, para zarpar en unas vacaciones en el Caribe, para la vejez que, quizás, lograría alcanzar.

Un año más. Fui contratada como asistente de maestro en la escuela primaria de mis hijos. Trabajé medio tiempo, cociné, jugué, escribí y amé. Era como si alguien hubiera quitado el envoltorio plástico de mi tazón y por primera vez en mi vida pudiera ver mi comida con nitidez.

Dos años después trabajaba tiempo completo con gente agradable, con beneficios médicos y un buen sueldo. Pero, a medida que fueron pasando las semanas, un parloteo en el fondo de mi cabeza se convirtió en alharaca. Quería dejar mi empleo y escribir. Sabía que era posible. Posible, porque ya no se desmoronaba la tierra que yo pisaba. Posible, porque en aquel momento en que había estado tan abajo, pedí ayuda. Tomar Prozac o cualquier medicamento que ayude a disipar la niebla de la depresión es tan esencial para algunas personas como acomodarles un brazo roto. No ha sido un sustituto de mi difícil autocuestionamiento y de la búsqueda de respuestas; no ha transformado mi personalidad pero sí ha colocado una base sólida en donde no hubo ninguna.

Me tomó una semana confesar a mi familia mi sueño de escribir. Me apoyaron completamente. Al día siguiente renuncié, pues ya estaba lista para hacer un nuevo trato. Lista para salir del silencio y escribir mi retorno al hogar.

BURKY ACHILLES

"El tiempo pesará más que el momento."
—Demi Moore

ENTRADAS Y SALIDAS

Cuando quedé encinta de Nicole, las amigas continuamente me decían que el dolor del parto sería fácilmente olvidado por la alegría y el amor que nos da la maternidad. Tenían razón. El día que mi hija entró al mundo, nuestra vida cambió para siempre y cambió para bien. Los momentos que rodearon su nacimiento quedaron grabados eternamente en mi mente, excepto el dolor.

Casi 18 años después, cuando ella decidió, repentinamente, terminar con su propia vida un triste día de febrero, otros padres afligidos nos dieron a Scott, mi esposo, y a mí, un abrazo de acogida. Nos miraron a los ojos y nos dijeron que el dolor mejoraría con el tiempo, aun cuando nuestras vidas, de ahora en adelante, quedarían divididas entre el "antes de" y el "después de". Nuevamente llegamos a comprender que ellos estaban en lo cierto, aunque el dolor de la separación ha sido mucho más intenso y duradero que cualquier contracción al dar a luz.

A pesar de haber trabajado en escuelas públicas como terapista del lenguaje durante 16 años, repentinamente me vi afectada por un desorden de comunicación de proporciones épicas: algo que sólo pude atribuir a mi pena y a mi permanente ansiedad. Entraba en pánico porque me costaba trabajo expresarme, como si tuviera la lengua estropajosa por el disperso proceso de mi pensamiento y por mi pronunciación incomprensible. Aun en los momentos en que permanecía quieta, me sentía acosada. Siempre había tenido sueños frecuentes y vívidos pero ahora, tenía miedo de dormirme por el temor a lo que pudiera soñar.

La presencia de Nicole en nuestras vidas nos había dado tanta felicidad que intentamos tener otros hijos, pero no lo logramos. Después de su muerte, cerca de la mitad de nuestras vidas, nos encontrábamos en estado de choque, atontados, devastados y terriblemente solos.

Nos faltaba energía para realizar aun las labores más cotidianas, y desapareció nuestra capacidad de concentración, excepto cuando se trataba de libros. En nuestra búsqueda del "porqué" teníamos una ansiedad voraz por aprender todo lo que pudiéramos acerca del suicidio. En esto, Scott y yo nos aferramos el uno al otro, desafiando las siniestras estadísticas sobre el rompimiento matrimonial después de la muerte de un hijo. También nos unimos a grupos de apoyo para los sobrevivientes a un suicidio, recorriendo grandes distancias para asistir a sus reuniones. A partir de entonces, gradualmente, recuperé la capacidad de expresar mis pensamientos con palabras, y comenzamos a desenmarañar los pequeños hilos de la alfombra misteriosa que rodeaba la muerte de nuestra hija. Hicimos la acostumbrada pregunta de "qué habría pasado si . . ." y recopilamos hechos sin, realmente, encontrar jamás la respuesta. Nicole nos había dado unas cuantas pistas importantes, tanto a nosotros como a sus amigas, de su depresión, pero hasta el momento de su muerte, había sido una chica feliz, amorosa, buena y activa tanto en su escuela como en la iglesia. Quizás *si* ella hubiera sido un poco más rebelde . . . pero los "qué hubiera pasado si . . ." son inútiles. Llegamos a aceptar el hecho de que quizás la mente de un suicida necesita medicación de la misma manera que el diabético necesita insulina.

Tuvimos la suerte de estar rodeados por la familia, los amigos, los colegas y los miembros de nuestra comunidad que nos permitieron compartir nuestra pena abiertamente. Sus abrazos restauraron nuestra energía, sus presentes de comida restauraron nuestro apetito, y sus llamadas rompieron con el silencio ensordecedor.

Y cuando mis sueños se reanudaron, también fueron reconfortantes. En el primero de ellos, el color favorito de Nicole, el verde agua, me envolvía. Y no mucho después, ella me daba un abrazo. En otra ocasión, caminaba junto a mí por un sendero bordeado de flores frescas, en un jardín etéreo.

Al recuperar nuestros niveles de energía, Scott y yo nos dimos cuenta que viajar durante las vacaciones prolongadas o días festivos nos ayudaba a sobrevivir mejor. Incluso, descubrimos que podíamos volver a reír, pero estábamos de acuerdo en que la vida ahora, era como un árbol de Navidad sin guirnaldas.

La pena es diferente para cada persona. Encontrar motivos para continuar en la vida puede ser difícil, pero es necesario. Si tienes bastante suerte, puedes alcanzar un punto en el proceso de duelo y cicatrización, en el cual ya no darías tu futuro para poder cambiar el pasado. Esto comenzó, para nosotros, tres febreros después de su muerte, cuando adoptamos dos bebés maravillosos, nuestro hijo Tom y nuestra hija Gina. Los cuatro hemos comenzado de cero.

No tenemos tiempo para preocuparnos que somos lo suficientemente mayores como para ser sus abuelos, y no hay día en que no agradezcamos la entrada de los tres hijos en nuestras vidas.

¿Será posible que gracias a estos dos niños, dejemos de extrañar a Nicole? No, eso jamás. Pero cuando miramos atrás, esos días en que nuestro dolor era tan profundo, hace que apreciemos mucho más esta nueva felicidad. Para entrar al mundo de las más grandes alegrías, algunas veces tenemos que atravesar y salir de las penas más profundas.

LINDA G. ENGEL

PARA BETTY

"*Las cosas buenas llegan a aquellos que saben esperar*", había dicho él en sus conferencias, en muchísimas ocasiones. Era su frase favorita, y aun en el momento en que sacaba el auto del garaje y me alejaba de la vida que habíamos construido juntos, estaba de pie, en silencio, esperando, sólo esperando.

Así era su manera de ser y durante los momentos problemáticos de nuestra vida matrimonial, él esperaba. No decía ni hacía nada mientras esperaba que pasara la tormenta. Vivir conmigo era como ser un pasajero en un tren de huida, y viajamos por sendas diferentes a distinta velocidad. En mi juventud e impaciencia, todavía me faltaba descubrirme, y pronto fue quedando en claro que era inevitable que nos distanciáramos.

En los meses de separación antes del divorcio, fui y vine buscando la confirmación de lo que ya sabía. Recorrí todos los cielos desde el estado al cual me había mudado, hasta casa nuevamente, en búsqueda de una respuesta. Habíamos ido a un consejero y a mil cosas más. Sin embargo, nuestras diferencias eran básicas y más allá de todo arreglo. Ambos lo sabíamos, pero ninguno daba el paso final, de modo que durante varios años, nuestras vidas subsistieron, injustamente, en un purgatorio mientras que el tiempo avanzaba, a la deriva, lentamente.

En uno de mis vuelos frecuentes de regreso a casa, me senté al lado de Betty, una vivaracha mujer de 60 años. Pronto me enteré que viajaba en primera clase porque la compañía de aviación le había dado ese privilegio a raíz de la muerte de su hijo, quien había sido piloto de esa línea. Era su único hijo y un día la llamó para decirle que tenía "una sensación extraña"; sensación que resultó ser un tumor cerebral. Murió poco después. Y no sólo eso, dijo Betty, también su esposo había trabajado y ahorrado durante toda la vida para poder viajar juntos alrededor del mundo cuando él se jubilara. Así lo hizo, pero murió inesperadamente unas semanas después, y los planes que habían hecho nunca se pudieron realizar.

Ambas conversamos durante todo el vuelo. "No sé cómo puede haber un dios", dijo amargamente. "Todo lo que siempre quise, ya no existe. No tengo hijos, ni marido. No tengo absolutamente nada. Si te pudiera dar un consejo sería: haz lo que tienes que hacer, ahora. No esperes hacer lo que deseas en la vida cuando ya sea demasiado tarde."

Semanas después, me puse a pensar en Betty y en el consejo que me había dado. También encontré la fortaleza para continuar adelante, lejos de la relación que no era buena, y hacia la siguiente fase de mi vida. Ya pasaron varios años y sigo pensando en ella, agradeciendo la mañana que pasamos juntas en el avión. Sé que gracias a nuestras pláticas, viviré una vida más completa, y sé que nunca pospondré las cosas que quiero alcanzar. Las cosas buenas podrán llegar a aquellos que esperan, pero más grandes aún llegarán a aquellos que no lo hacen.

TAMMY KLING

LOS ESTADOS UNIDOS
DE LA MATERNIDAD

Los números luminosos hacían "clic" a medida que iban cambiando de la 1:59 a las 2:00 de la madrugada. Cambié el peso que tenía sobre el regazo y pasé a mi hijo de un pecho al otro. Muy pronto, Michael dejó claro que ya no quería mamar más. Lo cargué sobre mi hombro y comencé a darle golpecitos en su tibia espalda, esperando a que echara un eructo, señal de que su estómago aceptaba lo que le ofrecía a esas horas de la noche. Sentía mis piernas adormecerse y cosquillear. Aún con un cojín, esta mecedora era incómoda para estar sentada en ella durante largos ratos, noche tras noche.

Gracias a la luz de la calle podía ver sombras en la habitación de mi hijo. La quietud de la noche nos invadía pero Michael no se dormía.

"Cólicos", dijo el pediatra. "No sabemos por qué ocurren. En unos tres meses se le habrán pasado. Suponemos que para esas alturas su sistema digestivo comienza a madurar. Te sentirás liberada el día que pase gases. Lo siento."

¡Lo siento! ¿Lo siento? Mi paciencia y mi cuerpo no podían más. La mayor parte de los libros de pediatría hablaban de los bebés que pasan la mayor parte del tiempo durmiendo durante su primer año de vida.

Con mi hemisferio sur soportando más puntadas que un muestrario de bordados y el pelo enmarañado, era yo el mismo retrato de una criatura en el infortunio del posparto. Mi cordura comenzó a desenmarañarse al alucinar que yo era parte de una antigua cultura maya en la que los bebés eran jícaras. Al día siguiente, cuando me arrastré con mi bebé sobre su asiento del auto hasta el consultorio del médico, ya me había pasado sin dormir hasta 48 horas. Michael habría dormido apenas unos 45 minutos durante esa eternidad de dos días, 30 de los cuales los había dormido en el auto camino a la clínica. Si pudiera permanecer despierta lo suficiente, podría manejar a Alaska y regresar en tres meses.

Los medicamentos para relajar a Michael comenzaron a dar resultado, a Dios gracias. Sus siestas adquirieron un patrón general, aunque eran muchísimo más cortas de lo que los pediatras presentaban para la mayoría de los niños. Pero la noche para el señor Mike, era para festejar. Leí libros acerca de que era mejor dejarlos llorar. Escuché cintas en las que los expertos aseguraban que era mejor dejarlos solos. Intenté aparatitos y aditamentos que hacían temblar su cuna, y a mí, como si estuviéramos en una licuadora. Pero no podía dejarlo solo o abandonado a la suerte de una maquinaria. Obviamente, él estaba incómodo. Lo menos que puedo hacer, pensé, era sentarme con él durante las largas y dolorosas noches mientras que lucha y da vueltas para quedarse dormido.

De esta manera nos mecimos. Nos mecimos por una distancia igual a la circunferencia de la Tierra, para seguir luego hasta la Luna. Esta noche nos habíamos mecido hasta Plutón. Cepillé la coronilla aterciopelada de su cabeza que era tan querida y tan suave como plumas de pollito. Enrosqué y desenrosqué sus deditos. Luché contra mi enojo, pues ahí estaba yo, atendiéndolo, mientras mi esposo dormía. ¿Por qué el bebé no dormía? ¿Por cuánto tiempo podría continuar así, sin descanso? Una ola de vergüenza me invadió. ¿No era una bendición haberlo tenido? ¿No había millones de mujeres que darían cualquier cosa por tener un bebé en sus brazos?

Entonces, al mirar a la Luna moviéndose tras una nube, se me ocurrió una cosa. Un millón de mujeres, un millón de madres, un millón de bebés.

Repentinamente me di cuenta de que no estaba sola. Por todo el mundo había mujeres cargando bebés. Algunas tendrían la gran suerte de estar sentadas en mecedoras. Otras, estarían de cuclillas en el suelo. Algunas tendrían un techo sobre sus cabezas, como yo. Muchas más estaban expuestas a la intemperie, protegiendo a sus bebés de la lluvia, de la nieve o del Sol.

Todas nos parecíamos, pues sujetábamos a nuestros hijos y rezábamos. Algunas no vivirían para ver cómo sus hijos crecían, y muchos niños no vivirían más de un año. Algunos morirían de hambre, otros por balas o enfermedades.

Pero por un momento, bajo la misma pálida Luna, estábamos todas juntas, meciendo a nuestros bebés y rezando. Amándolos con esperanza.

Desde esa noche, el tiempo que pasaba con Michael lo vi de una manera diferente. Nunca dejé de estar cansada ni el asiento pareció ser más blando. Pero, mientras estaba ahí sentada con él, sentí la compañía de un millón, o un millón de millones de madres que acurrucaban sus bebés con sus brazos.

JOANNA SLAN

XI
VERDADERAMENTE GRACIOSO

"Si alguien me hace reír, seré su esclava por el resto de mi vida."

—BETTE MIDLER

AMOR AL DESNUDO

En una tibia noche de primavera, en la Estación Aérea de Iraklión en Creta, salí de mi dormitorio junto con una amiga para ver qué pasaba en una fiesta improvisada que se había organizado entre los dos dormitorios. En esos momentos, como no tenía novio, eché un vistazo para ver si encontraba a uno "potencial", y mis ojos cayeron sobre Frank.

Ya lo había visto por la base, y siempre pensé que era simpático. Alto y delgado, con pelo negro rizado y bigote. Un tipo parecido a Jim Croce. Me acomodé a su lado y de inmediato comencé a platicar con él.

Me di cuenta de que tenía una dulce sonrisa y un sexy acento neoyorquino. (Terriblemente exótico para una chica que creció entre los campos de maíz en Indiana.) Pero lo que me encantó, no fue su belleza física o su acento. Era verdaderamente un tipo agradable, de conversación fácil y que, sobre todo, me hacía reír.

Estaba tan ensimismada en Frank y en su animada plática que, al principio, no me di cuenta de la conmoción que había a nuestro alrededor. Demasiado tarde, alcé la mirada y sólo pude ver una piel desnuda que pasaba como un relámpago y desaparecía por la esquina del edificio. Todos se reían histéricamente señalando en esa dirección. De pronto me di cuenta de lo que me había perdido.

"¡Sería la primera vez que yo hubiera visto correr un tipo desnudo!", dije entrecortadamente. Luego, me volteé hacia él con mirada acusadora y dije: "¡Me lo perdí por tu culpa!"

Frank me miró contrariado: "Lo siento. Haré que lo repitan, sólo para ti."

No pensé que lo decía en serio, pero antes de poder decir nada, se incorporó y desapareció por la esquina del dormitorio. Unos minutos después, escuché grandes risotadas. Miré tras de mí y ahí estaban, los dos tipos, desnudos como bebés, corriendo como diablos locos por el espacio de pasto entre los dos edificios. La risa se intensificó al tiempo que mis ojos se abrían cada vez más. Un tercer corredor se había unido a los dos primeros. Era alto y delgado, con pelo negro rizado y bigote. Parecido a Jim Croce.

Extrañamente, Frank se perdió este espectáculo o, al menos, eso dijo. Unos minutos más tarde apareció a mi lado como si nada hubiera pasado.

"Gracias", le dije secamente. "No era necesario que te metieras en tanto lío para impresionarme."

Se alzó de hombros y dijo: "Bueno, no podía permitir que te perdieras de tu primer espectáculo de nudismo."

¿Qué podía decir? Lo había hecho por mí.

Ése fue el comienzo de nuestra relación. De esto hace 23 años y ya tenemos dos hijos preciosos, ya mayorcitos. Frank ya no hace nudismo, pues piensa que no es apropiado para su estilo de vida, ya que ahora es un respetable programador de computadoras. Por supuesto que sigue desnudándose, aunque ya no en público.

Todos los que conocen la historia de nuestro primer encuentro piensan que esa noche yo vi algo de él que me gustó cuando, en un santiamén, pasó desnudo por mi lado. Desde luego que vi algo: su personalidad.

CAROLE BELLACERA

EL NACIMIENTO
DE VENUS

Cuando tenía 17 años, durante las vacaciones de verano, pasé unas cuantas semanas visitando a una prima que vivía en el campo. Era totalmente diferente a la vida de la ciudad, y las mil cosas pequeñas de la naturaleza me emocionaban: el establo lleno de caballos, las sendas zigzagueando por el denso bosque, los venados, los elegantes pájaros y los peces saltando en el lago cercano. Todo creaba un medio encantador.

Mi prima Jeannie era marimacha y traviesa, sin embargo, nos llevábamos bien. Ella hacía todas las cosas que los chicos de la granja vecina: matar conejos, buscar perdices, ir tras pavos salvajes y ayudar con las labores de la granja.

También acostumbraba hacerles bromas, como el día que todos fueron a montar caballo. Mientras los chicos estaban en el lago, tomó sus caballos y se los quitó. Por tanto, no regresaron a la granja hasta muy tarde, después de la cena.

Una húmeda mañana de verano, fui al lago yo sola. Ya que no había nadie alrededor, me quité la ropa y salté al agua. Flotando sobre mi espalda miraba las nubes a través de las ramas colgantes de los árboles y las flores silvestres de las orillas. Dios mío, era tan bello. Jamás los pájaros habían sonado tan musicales, y por un momento pensé que, con toda seguridad, éste era el Paraíso. Estaba feliz y totalmente relajada. Sentí como si estuviera nadando sobre un tibio terciopelo.

Repentinamente escuché las ramitas sobre el suelo que se partían y el movimiento del pasto. Me sumergí en el agua hasta la barbilla y miré atentamente a los árboles cercanos. Destacándose contra el verde vi a Dusty, uno de los chicos de la granja vecina. Acercándose al lago, comenzó a reírse cuando vio mi cara de sopresa. Se sentó y se acomodó. Mis ojos voltearon hacia donde había dejado mi ropa. ¡Y dije, *había!*, pues, desde luego, ya no estaba.

"¿Qué has hecho con mi ropa?", le grité. Dusty, sentado ahí, sólo me dijo: "No está lejos, lo único que tienes que hacer es salir y buscarla."

"¡Si no me das mi ropa, le diré a mi tío cuando regrese y te meterás en problemas!"

"Ah, sí. Supongo que sí. Si es que regresas. Pues si no sales a buscar tu ropa, no hay manera de que regreses."

Así seguimos por un rato y me di cuenta de que cada vez me sentía más frustrada. Me puse a llorar, no pude evitarlo. Ahora odiaba el lago y ya nada parecía bello. Con desesperación, miré alrededor para ver si encontraba algo que me ayudara a salir. Pero, ¿qué? Quizás una rama rota . . . algo . . . ¡cualquier cosa! Lentamente, sentí una ola de pánico subiéndome hasta la garganta, pues no tenía ni idea de hasta dónde llegaría esta charada. Mientras tanto, Dusty se reía cada vez más fuerte. ¿Me quedaría en el agua que ya comenzaba a sentirse fría, o saldría corriendo a buscar mi ropa?

Nadé hacia una zona pantanosa en el lago, esperando encontrar algo. Mi pie golpeó un objeto duro y redondo. Metí la mano para recogerlo. Era una sartén oxidada, lo suficientemente grande para cubrir la parte inferior de mi cuerpo. ¡A Dios gracias! La sartén estaba llena de óxido y lodo, pero ¿qué importaba? La puse frente a mí y, cruzando un brazo sobre mi pecho, alcé la cabeza y procedí a salir del agua para buscar mi ropa. Le demostraré quién soy, pensé.

Al tiempo que avanzaba hacia la orilla le grité: "¡Apuesto que pensaste que nunca saldría!"

Dusty entrecerró los ojos para verme mejor y dijo: "¡Así es! ¡Y apuesto que tú pensaste que esa sartén sí tenía fondo!"

CARMEN D'AMICO

¿CUÁNDO ESTARÉ DELGADA?

Del gimnasio en el vestidor
Tras un buen entrenamiento,
Mirándome, mi amiga dijo:
"Por Dios, ¿cuándo delgada estaré?"

"¡Si estupenda eres!", dije
"No sólo lo exterior importa,
Una mujer con el alma en fuego
Como nadie cocinará."

Cuando desanimada te sientas,
Y la cabeza baja tengas,
Usa un poco este lema
Que así escrito fue:

Aunque tus pechos erguidos caerán
Y tu joven piel se ajará,
Lo que en tu alma está
¡Eterno brillo será!

Tu belleza nunca dudes,
No la cuestiones jamás.
Pues una mujer de alma es bella
Aunque sus muslos, gordos son.

Y por tanto, no abandones golosinas
Si de tu corazón son el gozo,
Sólo corre un poco más
Mientras brillas por Dios y su luz.

MAUREEN GORSUCH

LA GRAN LOCURA
DE LAS CALABACITAS

Sólo llevaba tres días de vacaciones y ya este hombre me estaba volviendo loca. Mi esposo Stan, que normalmente era indiferente ante una basurera repleta o una puerta crujiente, se convirtió en la superperfeccionista combinación del señor "arregla todo" y el señor "limpio". Insistía en tener recogido cada rincón y cada escondrijo. Incluso, sacó la basura que contenía unas calabacitas podridas y colocó una nueva bolsa en el contenedor.

Yo estaba acostumbrada a tener las mañanas para mí sola y, en este día en particular, necesitaba tranquilidad para poder revisar un nuevo programa con el que esperaba impresionar a un cliente. Mi jefe estaba colaborando en una empresa grande y la oportunidad de hacer negocios adicionales se veía promisoria. Así pues, extendí los documentos que me habían sido confiados por toda la mesa de la sala, cuando mi esposo me atiborró con una serie de sugerencias.

"Limpiemos este lugar, para luego llevar a los chicos a pasear por el campo. Pescaremos, comeremos, recogeremos frutillas silvestres . . . Vamos, espabilémonos."

Finalmente, me persuadió. Quizás el estar juntos y relajarnos, nos haría bien a todos. Me sentía tensa y necesitaba un poco de distracción.

Al dirigirme a la puerta, me di cuenta de que la mesita de la sala estaba vacía. "Stan", comencé con cautela, "¿dónde están los papeles que estaban en esta mesa?"

"No lo sé." Su impaciencia podía verse a las claras. "No pude soportar el tiradero, así es que los recogí."

"¿Pero, qué hiciste con ellos?", insistí mientras elevaba la voz y sentía mi corazón latir con rapidez.

"Si estaban sobre la mesa, probablemente los agarré, junto con el periódico del domingo, y los tiré a la basura."

Era el día de recolección de basura, pero el camión no pasaría sino hasta dentro de unas dos horas. Salí y me quedé paralizada. Dos basureras me miraban con sus ojos vacíos. Me las quedé mirando sin poder comprender lo que era obvio. Luego, la realidad me golpeó como si fuera una locomotora chocando contra mi pecho.

Había tirado mis valiosos documentos junto al periódico y las calabacitas podridas, y en ese momento las llevaban Dios sabe dónde. Traté de ahogar un grito al tiempo que corrí hacia la casa.

Los ojos de mi esposo se abrieron al tiempo que pasaba a su lado en estampida. "¿Qué ocurre?"

"¡Tiraste mi proyecto, mis notas, mis objetivos. Todo! ¿No comprendes? Tiraste mis documentos y no sé si se pueden reemplazar. El administrador no lo comprenderá. Nunca creerá lo incompetente que puedo ser." Corrí hacia mi recámara y di un portazo y luego, sintiendo la necesidad de estar sola, me encerré con llave en el baño. Durante varios minutos, las lágrimas corrieron por mis mejillas, empapando el papel higiénico que tenía apretado en mi mano, hecho una bola.

Me preguntaba una y otra vez qué iba a hacer. Entonces se me ocurrió, pues era obvio: sólo había una cosa por hacer. Sin dar ninguna explicación a nadie, corrí hacia la puerta, sin maquillarme, con el pelo volando en mil direcciones y vestida con mi ropa de "granjera". Salté a nuestra pequeña camioneta y retrocedí velozmente hacia la calle.

Al avanzar locamente, sólo un pensamiento dominaba los otros: tengo que encontrar mis papeles. Llegué a la primera intersección y en ese momento, me di cuenta de algo terrible. No tenía ni idea de por dónde debía buscar al basurero. No sabía cuál era su ruta, ni siquiera cómo era su camión. A esas alturas, podría estar en cualquier parte.

Levanté la vista al cielo, buscando una señal divina, pero como no vi ninguna, avancé por la misma calle donde encontraría el 50 por ciento de la probabilidad. Entré y salí de varias callecitas, por Meadowbrook, a lo largo de Cherokee, hasta Pioneer Trail y cuesta arriba por West Ely, investigando todas las subdivisiones cercanas. Parpadeé para deshacerme de más lágrimas que se venían a mis ojos, pues no podía creer que esta pesadilla estuviera verdaderamente ocurriendo.

Tanto las alternativas que tomé en la búsqueda como mis esperanzas estaban casi exhaustas. Estaba a punto de rendirme ante la posibilidad de ver mis documentos alguna vez cuando, desde la cima de una loma y casi desapareciendo en una curva, vi el camión de basura. No había manera de saber si era el mío, pero era la primera buena pista que había tenido. Puse el pie en el acelerador y partí carrera abajo.

Cuando volví a estar sobre otra loma, el camión ya no se veía por ninguna parte. La cadencia de un ejército en marcha golpeaba mis oídos. Tenía la boca tan seca que no podía tragar. Entonces, por el rabillo del ojo, volví a ver el camión con rumbo a una calle sin salida.

Sobre dos ruedas, di la vuelta a la esquina con la intención de seguirlo, cuando cuesta arriba venía otro basurero. Los pensamientos se nublaron en mi cabeza al intentar decidir qué hacer. "Alcanzaré al otro camión, cuando vaya de salida", dije en voz baja. En medio de la calle, me paré en seco y con medio cuerpo saliendo por la ventana, hice señas a lo loco al camión que se aproximaba.

Un tipo parecido a Don Johnson comenzó a bajar la ventanilla, con sus brillantes ojos azules mirándome alarmado: "Le pasa algo señora, ¿la puedo ayudar?"

"¿Recogió basura, esta mañana, de la calle Heritage?", le pregunté al tiempo que corría hacia su camión.

"¿Se refiere a la que hace esquina con Surrey Hill?"

"Sí, sí", dije, pasando la lengua sobre mis secos labios.

"Sí, ahí estuve. Esta tarde tengo una cita y por eso hice mi recorrido más temprano de lo normal." Interrumpiéndolo, comencé a escalar por la parte trasera del camión. Sin pedir permiso, salté con las dos piernas y me hundí hasta los muslos en tibias y pegajosas bolsas plásticas de basura. Las moscas se daban un banquete en este "bufete", zumbando de una entrada a la otra. El aroma de fruta medio podrida y de maquinaria aceitosa flotaba en el aire.

"Mi esposo tiró unos documentos muy importantes", le grité desde arriba al joven que ahora se hallaba al pie del camión. Con la boca abierta, me observaba, meneando la cabeza.

"Ahí arriba tenemos una carga completa de basura, señora. De hecho, ya iba yo rumbo al basurero para descargar."

Lentamente, empecé a ver esta realidad al tiempo que me hundía más en esta millonada de bolsas. Intenté vadearlas y luego me detuve cuando recordé una cosa: todos nuestros vecinos habían sido lo suficientemente considerados, como para utilizar bolsas de basura nuevas, la mayoría atadas con un alambrito. Atravesé con dificultad por las pilas de bolsas, echándolas a un lado a medida que avanzaba, hasta que divisé una bolsa de papel café y manchada, parcialmente escondida.

"Ahí", señalé. "Creo que veo mis calabacitas." Buceé hasta el frente de la pila mugrosa y apartando una bolsa de plástico grité: "¡Sí, éstas son mis calabacitas!"

Aparté las verduras que estaban en la parte de arriba de la bolsa. Bajo ellas, echo un rollo, estaba el periódico del domingo. Suavemente limpié los residuos de café pegados a él, y lo desdoblé. Allí, acomodados en medio de la sección de espectáculos, estaban mis documentos, totalmente aislados de la mugre que los rodeaba. Echando la cabeza para atrás, pegué un grito de dicha.

Por un momento recobré la cordura y me di cuenta del espectáculo que debí de haber sido para este pobre hombre, que continuaba de pie junto al camión.

Aromática y sintiendo debilidad en las rodillas, logré llegar hasta la orilla del enorme contenedor de basura, donde el joven, cortésmente, me ayudó a bajar. Le ofrecí disculpas y le agradecí varias veces, al tiempo que él ponía periódicos limpios sobre el asiento de mi auto. Me encaminé lentamente a casa, maravillada de la cadena de eventos que acababa de vivir: haber entrado a la calle correcta, a la subdivisión apropiada, haber encontrado el camión que llevaba mis papeles y, finalmente, la bolsa correcta; todo parecía increíble.

Llegué a nuestro garaje y me di cuenta que la camioneta de mi esposo no estaba. Nuestro metiche vecino llegó diciéndome: "Tu esposo salió justo detrás de ti y dijo algo acerca de buscar un camión de basura."

"Que busque", dije riéndome y sintiéndome mareada y pagada de mí misma. "Encontré mis documentos", sosteniendo en alto la evidencia. Todavía no podía creerlo.

Justo en el momento que iba a entrar a la casa, llegó mi esposo. "Encontré mis papeles", dije con orgullo.

"Lo sé", dijo, saliendo de su camioneta.

Sintiéndome un poco burlada en mi triunfo, me acerqué y le pregunté: "¿Cómo lo sabes?", sin poder disimular mi curiosidad.

"Comencé a hacer señas a un camión de basura cuando el chofer sacó la cabeza por la ventanilla y me gritó: 'Señor, ¡ella ya estuvo aquí!'"

KARYN BUXMAN

GARANTÍA X

Uno de los muchos desafíos que tuve que enfrentar tras la muerte de mi primer esposo, fue a la gente llamando y preguntando por él. Paul era abogado, y durante meses los clientes y personas que no sabían de su fallecimiento, continuaron telefoneando.

Un par de meses después, una noche sonó el teléfono: "Hola, residencia de Kleine-Kracht", dije.

"¿Podría hablar con Paul Kleine-Kracht?", dijo. "Lo siento. Paul falleció. Soy su esposa, ¿en qué puedo ayudarlo?"

Sin hacer ningún comentario acerca de lo que yo acababa de decir, el tipo siguió hablando: "Soy John Jones del centro de garantía de sus aparatos eléctricos. Le llamo para recordarle que su garantía está a punto de expirar y necesita renovarla."

"Gracias por llamar, pero ese aparato ya tiene muchos años y no deseo renovar la garantía."

Con tono de impaciencia, respondió: "Bueno, estoy seguro que su esposo muerto hubiera querido renovarla."

"Qué gracioso que lo mencione, porque justo unas horas antes de morir Paul me dijo: 'Querida, sea lo que fuere, ¡no renueves la garantía!'"

Hubo un silencio tras el cual el señor Jones dijo: "Ah, está bien", y colgó.

ANN E. WEEKS

LA GENTE MORADA

Mi hijo Austin siempre ha encarado la vida de una forma particular. Se le ha descrito como "imaginativo", "lleno de vida" y "vaya personaje". Algunos de los adjetivos más negativos para describirlo son: "hiperactivo", "salvaje" y aun "fuera de control". Siendo su madre durante los seis años de su vida, he aprendido a tomar con calma estos comentarios. Trato de aceptarlo tal como es.

Últimamente, su juego favorito es hacer creer que su padre y yo somos sus "malos padrastros" y que "sus verdaderos padres" son la gente morada de otro planeta que algún día vendrá a rescatarlo. Todos los días continúo asombrándome y divirtiéndome por la forma en que este niño ve el mundo.

Cuando tenía cinco años, Austin saltó por encima de todos los peldaños de la escalera y anunció: "Ya es hora de continuar con mi vida" y avanzó para encararse con "el mundo real". En ese momento, dio media vuelta y subió por la escalera para comenzar su nueva aventura. No tengo el talento para encontrar respuestas inmediatas, de manera que preparé el almuerzo con calma y lo llamé para que bajara, comiera y platicáramos.

Me dirigí a él con rapidez y al grano. Le expliqué que, por ley, era obligatorio que viviera con su padre y su madre hasta que tuviera, por lo menos, 18 años. Hasta que ese día llegara, intentaríamos que fuera feliz y que tuviera una vida de aventuras en la medida de nuestras posibilidades. Se quedó pensando acerca de esto por un rato.

"¿Me enseñará papá a pelear con la espada para que yo pueda luchar contra los malos?", me preguntó preocupado. Le aseguré que su padre se sentiría honrado de hacerlo.

"¿Y tú me enseñarás a hacer hot cakes, salchichas y huevos para que yo no sienta hambre?", preguntó.

"Claro que sí, cariño, con mucho gusto", le respondí, pasando mi mano sobre su cabello. Austin, solemnemente, asintió con la cabeza.

Tenía confianza en que habíamos llegado a un acuerdo y de que el niño permanecería con nosotros por un buen tiempo. Se quedó callado mientras terminaba su bocadillo y yo retiraba su plato. A su costado, sobre la mesa, había un mantelillo con el mapa de Estados Unidos.

"Mamá, ¿dónde vivimos nosotros?", preguntó con tranquilidad.

Agradecida por el cambio de tema en la conversación, le señalé la esquina superior izquierda. "Vivimos aquí, hijito, en el estado de Washington", le respondí con entusiasmo.

"Bien . . . en ese caso, quiero vivir aquí cuando cumpla los 18 años", apuntando a la esquina inferior derecha del mapa, en el extremo de Florida y el lugar más lejano a nosotros que pudiera imaginarse.

Es en momentos así cuando yo también me pregunto: ¿A qué hora piensa llegar la gente morada?

JENNIFER HOWARD

"Mi gusto en las modas lo baso, principalmente,
en lo que no me dé comezón."
—GILDA RADNER

¡VERDADERAMENTE, UNA SORPRESA DE NAVIDAD!

Cuando se vive en el extranjero, una de las cosas más importantes de la vida es recibir correspondencia de la familia. La caja de Navidad que mi hijo me mandó contenía un chandal color rojo y azul.

Este alegre conjunto era un agradable cambio para mi vestimenta de costumbre, un par de pantalones de mezclilla. La primera vez que me puse este deportivo traje para ir a la oficina, recibí varios cumplidos, aparte de un par de tomaduras de pelo acerca de mi "traje de Santa Claus." Pero yo seguí orgullosa del buen gusto de mi hijo al escogerlo.

¡Imagínense el choque que sentí cuando recibí su siguiente carta, en la que me preguntaba si me había gustado el pijama!

ROBERTA B. JACOBSON

¿MÁS HISTORIAS DE CHOCOLATE?

*T*ienes un relato que se adecue al espíritu de *"Chocolate para el corazón de la mujer"* y *"Chocolate para el alma de la mujer"*? Tengo en mente hacer nuevas ediciones utilizando un formato similar, que presentará historias de amor, de inspiración, momentos divinos y eventos humorísticos que nos enseñen a reírnos de nosotros mismos. Estoy en busca de historias en inglés que nos toquen el corazón, de dos a tres páginas de longitud, que alimenten y eleven el espíritu, nos alienten a perseguir nuestros sueños y nos den un remezón a nuestras emociones.

Te invito a unirte en estos futuros proyectos enviando tu historia especial para tomarla en cuenta. Si fuera seleccionada, quedarás incluida en la lista de autores que han contribuido a la obra; también puedes añadir un párrafo biográfico. Para más información o para enviar tu historia, te ruego escribas a:

KAY ALLENBAUGH
P.O. Box 2165
Lake Oswego, OR 97035
Estados Unidos
www.chocolateforwomen.com
kay@allenbaugh.com

COLABORADORES

Burky Achilles es escritora. Ha recibido el Walden Fellowship. Está haciendo su primera novela y un libro sobre historias cortas que nos sirven de inspiración. Ella y su esposo están criando un hijo y una hija en plena adolescencia. (503) 638-4100.

Ann Albers es maestra del Reiki tradicional, consejera espiritual, instructora, conferencista y escritora. Hizo su licenciatura en ingeniería eléctrica en la Universidad Notre Dame y trabajó durante ocho años en la industria aereonáutica antes de abandonarla por su llamado espiritual. Actualmente está trabajando en sus dos primeros libros: *Susurros del espíritu,* una historia inspiradora y profundamente humana acerca de su despertar espiritual; y *¡No más tabúes!* para ayudar a que las mujeres recuperen sus cuerpos y sus almas. (602) 485-1078.

Bailey Allard es presidenta de Allard Associates, Inc., firma consultora de seminarios internacionales. Es conferencista, directora de seminarios y capacitadora empresarial que trabaja con las 500 compañías Fortune en seis continentes. Habla de la influencia y las alternativas en un mundo cada vez más pequeño, y siente pasión por hablar a la gente, especialmente a las mujeres, acerca de la comprensión y la toma de conocimiento de sus valores y el aumento de sus influencias. (919) 968-9900.

LORRI VAUGHTER ALLEN es periodista de radio y conferencista profesional. Su compañía ¡Buenas Noticias! ayuda a la gente a hacer más dinero y a mejorar su imagen a través del dominio de los medios. (¡Solamente una vez, comió un spudnut!) (972) 248-3610. ‹LorriA@wctv.com›

EMORY AUSTIN, Conferencista Profesional Certificada, fue presentada en la revista *Industry Week,* junto con sus compañeros Colin Powell, Margaret Thatcher y Terry Anderson. Es graduada en comunicaciones Phi Beta Kappa de la Universidad de Wake Forest, y ha destacado en casi todas las industrias por sus relatos entusiastas. Para más información en referencia a sus conferencias y cintas grabadas, por favor llame a: (704) 663-7575.

ÚRSULA BACON huyó de la Alemania nazi con sus padres y pasó los nueve años siguientes en China. Durante cuatro años estuvo internada, por las fuerzas de ocupación japonesas, en campos de refugiados en Shangai, junto con otros 18 mil europeos. Al final de la Segunda Guerra Mundial emigró a Estados Unidos. Está casada con Thorn Bacon, autor. Juntos dirigen una pequeña empresa de publicaciones y escriben libros. Es coautora de *Sombras salvajes* (New York: New Horizon) y autora del *Libro de cocina para la anfitriona nerviosa* (BookPartners, 1998). (503) 682-9821.

JENNIFER BROWN BANKS es escritora, poeta y conferencista radicada en Chicago. Ha contribuido a la revista *Being single* desde 1995, proporcionándoles una perspectiva interior sobre el amor, las relaciones, la autoestima y los principios divinos. Es fundadora de Poetas Unidos para el Avance del Arte y autora de tres colecciones de poemas: *Encontrándose en la mitad, Rodeada de la hora silenciosa* y *Bajo la influencia del amor.* Da crédito a su madre, Arabella, por motivarla, y a su hijo Jeremy, por inspirarla. (773) 509-8018.

T. J. Banks de Avon, Connecticut, ha escrito libros de ficción, poesía, críticas literarias y ensayos para numerosas publicaciones, incluyendo *Poetas y escritores*, *¡Fantasía de gatos, sólo gatos!*, *Escribiendo para nuestras vidas*, *La mujer y la tierra*, y *Nuestras madres y nosotros: Los escritores y los poetas celebran la maternidad*. Es socia editorial de la Writer's Digest School y ha ganado premios por sus libros de ficción y sus artículos de la Cat Writers Association y el Writing Self. Ha escrito una novela para jóvenes adultos: *Houdini*. (860) 678-7978.

Carole Bellacera es escritora que vive en Manassas, Virginia. Sus obras de ficción y sus artículos han aparecido en más de 200 revistas de Estados Unidos y del extranjero. Recientemente, lanzó su primera obra para la pantalla: *Cruce de frontera*, para la Rialto Films, para ser presentada en cable-TV. Desde que conoció a Frank, tuvo a su hija Leah, de 21 años, y a su hijo Stephen, de 18. Ha trabajado como técnica médica, vendedora, mecanógrafa, asistente de biblioteca, secretaria y recepcionista para un senador en el Capitolio. Pero de lo que más orgullosa está es de ser la esposa de Frank. ‹KaroBella@aol.com›

Ann Benson es autora de la novela *Los cuentos de la plaga* y cuatro libros famosos sobre trabajo con cuentas de collar. Actualmente está trabajando en otra novela.

Debra Ayers Brown es la madre de un inquieto chico de segundo grado y la vicepresidenta más antigua de Printgraphix. Ha ganado numerosos premios nacionales por sus diseños y sus escritos. Autora de varias historias inspiradoras para niños, actualmente está trabajando en una serie de novelas de misterio. Es la esposa del alcalde y "primera dama de Hinesville", Georgia. (800) 257-9734.

ARLINE CRAWFORD BURTON es ahora una representante de los pacientes de un hospital en Georgia. Ama a la raza humana, la creación más grandiosa de Dios. Sus herramientas son la bondad, el amor y la comprensión. Se siente premiada por la sonrisa que provoca en los lectores su cuento de "El ángel del Señor".

KARYN BUXMAN, RN, MS, es de Hannibal, Missouri, hogar del otro gran escritor, Mark Twain. Fue editora de la Asociación Estadounidense para el Humor Terapéutico y es vicepresidenta del *Journal of Nursing Jocularity,* una revista humorística para enfermeras. Experta líder sobre humor terapéutico a nivel nacional, Karyn Buxman asombra a su auditorio en todo el país con programas como *¿Te molesta el ruido que tengo en mi cabeza?* y *Bromea para alcanzar el éxito.* Ha escrito infinidad de artículos y producido numerosas cintas y videos humorísticos. Para ver cómo tu grupo puede beneficiarse por alguna "ayuda de carcajadas", ponte en contacto con Karyn al 1-800-8HUMORX. ‹www.humorx.com›

MARY CARROLL-HACKETT es escritora, estudiante, pero sobre todo una mamá que vive con su familia en la parte oriental de Carolina del Norte. Cuando no va tras los tres niños-duende irlandeses que habitan en su casa, trabaja en su primera novela.

MICHELLE COHEN fue trabajadora social para los discapacitados en desarrollo, portadora de la voz oficial y voluntaria para la comunidad que sufre de SIDA. Ha escrito un libro de terror y actualmente hace un trabajo en colaboración con su madre, titulado *Querida sentimental (cartas entre una madre y su hija).* (973) 597-9212.

CONSTANCE CONACE trabajó tiempo completo y crió dos hijos como madre soltera, y ahora ha vuelto a la universidad para obtener la licenciatura en inglés. Su meta es escribir, y gozar de la vida y de su familia al máximo.

CARMEN D'AMICO reside en Fort Lauderdale, Florida, es conferencista internacional, actriz, autora e imitadora de Elizabeth Taylor. Se ha presentado en radio y televisión y ayudado a recaudar dinero para el SIDA a través de numerosas presentaciones de beneficencia. Sus experiencias de vida y triunfos sobre tragedias la han hecho una sobreviviente. Su meta de restaurar la autoestima ha inspirado a los que la escuchan. Su libro *Polvo en el viento*, está escrito para cualquiera que esté en la búsqueda de la esperanza, la iluminación y la fortaleza. (954) 772-4111.

RITA DAVENPORT es presidenta de Arbonne International, una compañía de productos para el cuidado personal. Es miembro de la Asociación Nacional de Conferencistas y se le ha otorgado el premio de Conferencista Profesional Certificada. La NSA le otorgó su más alto reconocimiento de por vida: El Premio a la Excelencia del Consejo de los Pares. Es una lideresa de éxito en seminarios, conferencista especial, humorista y autor de varios libros favoritos, incluyendo *Haciendo tiempo, haciendo dinero*. Produjo y fue anfitrión de sus programas premiados de televisión durante 15 años en Phoenix. Su programa por cable *Estrategias para el éxito*, fue presenciado en más de 32 millones de hogares. También se presentó en el programa *Buenos días Norteamérica* de la ABC y en otros a nivel nacional. (602) 482-6919.

EILEEN DAVIS escribe poesía, historias cortas y novelas. Trabaja en una obra en colaboración con su hija, Michelle Cohen, titulada *Querida sentimental (cartas entre una madre y su hija)*. Ha completado una colección de historias cortas para reflexionar, titulada *De mí, yo canto* y una novela: *Ayer desperté muerta*.

LINDA DUNIVIN, MEd, ha ganado varios premios por la letra de canciones. Actuó en el video de la obra musical de sus hijos, *Juntos,* que fue publicada para la Televisión Cristiana. Escritora juvenil que inspira, actualmente escribe una novela histórica romántica. Anteriormente fue maestra de personas visualmente incapacitadas y tiene un grado de maestra en educación de la universidad del estado de Georgia. Vive en la isla Colonel, al sur de Savannah.

ANAMAE ELLEDGE es maestra de escuela primaria en escuelas públicas de Hawai. En su tiempo libre, le gusta leer, hacer cubrecamas y cuidar de sus seis hijos.

LINDA G. ENGEL obtuvo su maestría en desórdenes de la comunicación, fue terapeuta de expresión oral y coordinadora para escuelas públicas durante 20 años antes de adoptar un hijo y una hija. Como escritora independiente, ha escrito cuentos cortos para publicaciones regionales y actualmente está trabajando en un libro acerca del duelo. Vive con su esposo e hijos en el corazón de los lagos de Minnesota, en donde nació y creció. (218) 829-3433.

HOLLY ESPARZA, RN, MBA, ha sido enfermera calificada, gerente y algunas veces incluso lideresa durante muchos años. Actualmente, es directora de los Servicios para Mujeres y Niños de dos hospitales en Denver, Colorado. Su pasión es la salud y el bienestar y alentar a su esposo, a sí misma y a sus dos hijas para que lleven una vida más sana, más feliz y más equilibrada. (303) 741-5203.

CANDIS FANCHER, MS, CCC en patología del lenguaje, es fundadora de Recursos Interiores. Los que la escuchan reciben inspiración de su filosofía renovadora. Sus seminarios sobre pausas de placer han dado, a los participantes, energía para adoptar estilos de vida más positivos. Sus seminarios titulados *Cómo permanecer a flote en el mar del estrés de la vida* exploran ideas prácticas para que el humor interactúe con la vida personal y profesional. Proporciona formas prácticas y graciosas para detener, notar, actuar y crear conexiones de corazón a corazón. También es capacitadora para el lenguje y la voz, y es miembro de la Asociación Estadounidense para el Lenguaje y la Audición y la Asociación Nacional del Lenguaje. (612) 890-3897.

JILL FANCHER nació en Seúl, Corea. Asiste a la escuela secundaria Nicollet en Burnsville, Minnesota. Le encanta el futbol soccer, el piano, el oboe y su perro, Ashley. Chad, su hermano mayor, es su héroe. Es entusiasta y tiene una gran sentido del humor; también disfruta de la compañía de sus amigos. Es hija de Candis Fancher.

HOLLY FITZHARDINGE es escritora y directora de películas en Vancouver, B.C. Ha trabajado mucho en el área de desarrollo y producción de historias tanto para el cine como para la televisión. Es miembro del Gremio de Directores y del Gremio de Escritores. Recientemente, terminó una película acerca de los prisioneros de conciencia de Amnistía Internacional, que está en el circuito de los festivales cinematográficos. Actualmente, está haciendo otra película. Fax: (604) 940-8814.

JOEANN FOSSLAND, presidenta del Grupo de Soluciones Ventajosas, es capacitadora personal y empresarial y conferencista profesional que vive en el bello desierto Sonora, de Tucson, Arizona. Le encanta trabajar con individuos, grupos y compañías que están comprometidas en descubrir cómo maximizar su individualidad. Por medio de talleres, manuales y capacitación personal, sus clientes logran la abundancia, el amor y la agresividad que encienden la alegría, la auto expresión y la vivacidad. (520) 744-8731. ‹Joeann@aol.com›

JUDITH MORTON FRASER, MA, es terapeuta para problemas matrimoniales, familiares y de niños. También es actriz. Sus obras publi-
cadas incluyen *Casi sola en el bosque* (L.A. Times y el Sindicato L.A.
Times) y *Las abuelas no mueren* (Everywomans Village); un poema:
"Conociéndote" (Hallmark) y artículos referentes a las relaciones y
las adicciones (boletines de la Asociación Californiana de Terapeutas Matrimoniales y Familiares). Actualmente, está escribiendo una
novela que combina la creatividad, las ceremonias de los nativos
norteamericanos y los pasajes de la vida. Su esposo Ian, director
musical, ha ganado el Emmy Award 11 veces. Su hija Tiffany es actriz, su hijo Neal es chef y sus nietos Grace, Chelsea y Jenna son
trabajos creativos en progreso. (213) 656-9800.

MARCI MADSEN FULLER es escritora, esposa y madre que vive en
el sur de Texas con sus loros silvestres, serpientes de agua y lagar-
tijas que levantan las cabezas para saludar desde el alféizar de las
ventanas. Acaba de terminar su primera novela, y ahora está en
busca de inspiración para la segunda. (956) 399-3094.
‹Wlflsprite@aol.com›

JILL GOODWIN se considera estudiante de la espiritualidad en un
viaje guiado hacia su poder más elevado. Como periodista, ha
publicado muchos de sus artículos. También hace entrevistas y
ha sido anfitriona en series de televisión. Tiene una licenciatura
en comunicaciones y trabaja en relaciones públicas en los
medios. (703) 212-0486.

MAUREEN GORSUCH es terapeuta de masajes acreditada y, actualmente, trabaja y vive en Kansas City, Missouri. Creció en Nueva
York y luego se mudó a Kailua Kona, Hawai, donde continuó su
educación y disfrutó de buenos amigos y de puestas de sol. Le
encanta hacer paracaidismo, ejercicio y meditación y, algunas
veces, podemos encontrarla escribiendo artículos para su pe-

riódico al tiempo que toma vino en un restaurante étnico. (816) 765-6297.

CINDY HANSON es una personalidad de la radio KINK-FM de Oregón. Está en busca de la verdad cósmica y cree en los poderes curativos de la naturaleza, de la vida al aire libre, del arte y de la música. Siente una pasión sin límites por la costa de Oregón y otros espacios abiertos no contaminados. Es artista en el área de vidrio pintado y acuarela: aspira a ser poeta y ensayista, cantante de melodías sencillas, ciclista y corredora ávida y, ocasionalmente, voluntaria en orfanatos. (503) 226-5100 X6224.

DONNA HARTLEY es una conferencista internacional, especialista en cambios y miembro de la Asociación Nacional de Conferencistas. Propietaria y fundadora de Hartley International, se ha presentado en programas de la NBC, la ABC, la PBS, el Canal de Aprendizaje y en el *New York Times*. Sus populares series de capacitación en cintas, videos y libros se titulan *Obtén lo que desees.* (800) 438-9428.

CHRISTINE HARVEY es una personalidad de la radio y la televisión y autora de cinco libros, traducidos a 20 idiomas, incluso *Secretos de las personas más exitosas del mundo,* que ha vendido 150 mil copias. Es una conferencista que se dirige a grupos grandes y pequeños, incluso a Sony, IBM, Toyota, Lloyds Bank, Mortgage Brokers Associations, Century 21 y conferencias de escritores. Es directora de un banco de inversiones y de una compañía de capitales, y es miembro del consejo del Centro Internacional de la Asociación Nacional de Conferencistas. Divide su tiempo entre su oficina en Londres, su hogar en Bruselas y su trabajo en Estados Unidos, incluso programas de televisión en Los Ángeles. (800) 813-7197.

MARIE HEGEMAN, CSW, tiene una licenciatura en psicología de la Universidad Estatal de Nueva York en Oneonta y una maestría en trabajo social de SUNY-Albany. Es trabajadora social clínica (psicoterapeuta) que ejerce en Oneonta, Nueva York. Está escribiendo un libro acerca de la extraordinaria batalla que sostuvo su madre contra el cáncer. (607) 432-7285.

LIZ CURTIS HIGGS es Conferencista Profesional Certificada; ha ganado el Premio a la Excelencia del Consejo de los Pares de la Asociación Nacional de Conferencistas. Cada dos meses escribe una columna en la revista *Today's Christian Woman*, titulada "La vida con Liz". También es miembro de la Asociación Estadounidense del Humor Terapéutico, de la Hermandad de los Cristianos Alegres y de la Asociación Estadounidense de Profesionales en pro de la Salud de la Mujer. Es autora de cuatro libros humorísticos para la mujer: *La unitalla y otras fábulas, Sólo los ángeles saben volar, el resto de nosotros tenemos que practicar; Espejito, espejito, ¡te tengo noticias!* y *Cuarenta razones de por qué la vida es más divertida después de los 40.* Sus cuatro libros para niños incluyen: *La parábola del sembradío de calabazas, La parábola de Lily, La parábola del girasol* y *La parábola del pino.* (800) 762-6565.

ELLEN URBANI HILTEBRAND, MA, es autora y terapeuta artística practicante en Portland, Oregón, donde se especializa en el desarrollo de programas de terapia por medio del arte para afrontar las necesidades psicológicas de los pacientes enfermos físicamente y sus familiares. Su compañía, Healing Arts (Artes Terapéuticas), proporcionan servicios de consulta a nivel nacional para las organizaciones que están al cuidado de la salud y que están interesadas en desarrollar programas de arte terapéutico. Regularmente se presenta en conferencias médicas en todo el país. El programa escolar de arte terapéutico que desarrolló cuando servía como voluntaria del Cuerpo de Paz en Guatemala se utiliza actualmente en todo el mundo, no sólo entre los voluntarios, sino también entre trabajadores de desarrollo. En menos de un año terminará un libro acerca de sus experiencias. (503) 413-8404. ‹hiltebrand@juno.com›

JENNIFER HOWARD vive en White Salmon, Washington, con su esposo y sus cuatro hijos. Le gusta trabajar en el jardín, montar caballo y pasar tiempo con su familia y amigos. Para ella, escribir es un pasatiempo que le sirve para capturar momentos importantes en la vida de sus hijos. (509) 493-4701.

SHEILA S. HUDSON, fundadora de Ideas Brillantes, es escritora independiente y conferencista que vive en Athens, Georgia. Ha recibido varios premios y se le acreditan artículos en revistas como la *Christian Standard, Lookout, Reminisce, Athens, Teddy Bear, Just Between Us* y *The Pastor's Family*. Ella y Tim han estado casados durante 29 años y tienen dos hijas mayores y un nieto; comenzaron su decimosexto año en la Hermandad del Campus Cristiano de la Universidad de Georgia. (706) 546-5085 voice/fax. ‹sheila@naccm.org›

ANTIONETTE VIGLIATURO ISHMAEL es maestra de lenguaje y arte para niños de sexto grado en la Escuela Católica de San Bernadette de Kansas City, Missouri. En 1977 se le otorgó el Premio a la Excelencia en Enseñanza. También es escritora, lideresa scout, esposa de Phil y, sobre todo, orgullosa madre de Patrick (14 años), Anthony (11) y Dominic (ocho). (816) 231-4138.

ROBERTA B. JACOBSON, PhD, ha vivido en Europa por más de 20 años. Su obra como escritora independiente refleja temas europeos (en su mayoría de Europa Occidental) y han sido publicados en *Transition Abroad, True Experience, Cats, McCall, Writer's Digest* y *The American*. Sus poemas han aparecido en: *The Christ-*

ian Science Monitor, Wry Bred!, Cicada, Krax y *Haiku.*
‹100601.3415@compuserve.com›

DEBB JANES es directora de un programa de noticias por radio y personalidad de la radio matutina en Portland, Oregón. Ayudó, con éxito, a hacer cabildeo para lograr cambios en la leyes fatídicas cuando afrontaba problemas legales al intentar detener a un hombre que la acechaba y molestaba. Actualmente, está coproduciendo un programa de discusión que presenta papeles positivos y programas de y para mujeres. Es madre de tres niños estupendos que se sienten muy unidos a un gato viejito y un perro maravilloso. (503) 226-9791.

SARAH JORDAN es madre, esposa, escritora y defensora de la educación en casa. Como copropietaria de Mindfull, organiza conferencias sobre educación para volver a pensar, y retiros y conferencias para madres en todos los asuntos que conciernen a la familia. Vive en el pequeño pueblo de Double Oak, Texas, al norte de Dallas–Fort Worth Metroplex, con sus tres hijos educados en casa y su amigo de toda la vida, editor y esposo, Gary. (817) 430-4835.

LISA JUSCIK es directora asistente de los servicios para atletas de los medios de comunicación en la Universidad Northwestern en Evanston, Illinois. (847) 733-8074.

KATHI J. KEMPER, MD, MPH, es pediatra de renombre internacional, educadora, autora e investigadora. Es autor del famoso libro *El pediatra holístico* y presidente de la Asociación Pediátrica Ambulante. La mayor aventura y felicidad de su vida ha sido ser la madre de Daniel.

NANCY KIERNAN, PhD, es educadora y conferencista profesional que ha sobrevivido al cáncer. Está dedicada a ayudar a que aquellos que tienen problemas que amenazan su vida, tomen conciencia de su problema, escribiendo y hablando acerca de los lazos comprobados entre la cronobiología y las alternativas médicas que uno pueda tener. El libro que actualmente está escribiendo, revela muchas pequeñas verdades conocidas acerca del "horario perfecto" y ayuda a que la mujer trace un plan estratégico para una vida saludable. (602) 391-9132. ‹AZKiernan@aol.com›

SHARON KINDER actualmente escribe acerca de sus numerosas experiencias espirituales. Al haber hecho, con éxito, la transformación de ser propietaria de un negocio y dirigente comunitario a escritora y ermitaña, recientemente se ha mudado de su hogar al pie de la Sierra Nevada en California Central al Noroeste del Pacífico. (503) 543-8262.

MARLENE L. KING, MA, es escritora profesional, artista y especialista en sueños. Actualmente publica una columna acerca del sueño interactivo en la Dream Network y está escribiendo un libro que explora teorías de creación y simbología. Da consultas y trabaja bajo contrato para individuos, grupos y empresas. (541) 471-9337. ‹marlene@chatlink.com›

TAMMY KLING es escritora independiente, conferencista y autora de *En busca de una parte de mi alma: Cómo encontrar a un miembro de la familia perdida o un ser amado*. Se especializa en conferencias sobre adopciones, búsqueda y reencuentro de familias y crisis empresariales. Pasó años sirviendo en un equipo de respuesta en emergencias para una aerolínea internacional y actualmente trabaja en su primera novela: *Impacto*. (972) 248-1429.

LON MY LAM es maestra en Honolulú. Nació en Vietnam, creció en Oregón y en California y finalmente se estableció en Hawai.

Su más grande ambición es vivir cada día plenamente, con integridad, paciencia y amor. (808) 623-7897.

Susan LaMaire ha pasado los siguientes cuatro años, después de su graduación en la universidad, probando en diferentes empleos para pagar la renta (mesera, maestra sustituta, librera). Ella confía en su inteligencia, ingenuidad y en el poder de Dios para ir pasando de una prueba a otra. Tiene la reputación de "meter la pata" y rebelarse contra la autoridad. Es graduada de la universidad de Bucknell, es escritora *free lance* y trabaja como maestra sustituta. (732) 477-6083.

Catherine Lanigan es escritora desde hace diecisiete años y autora de quince novelas, incluso novelizaciones de *Romancing the Stone* y *Joya en el Nilo*. Introdujo una nueva casta de heroínas en el ambiente literario con "The Evolving Woman" (La mujer evolucionada); una mujer que construye un arsenal de sabiduría, dignidad y valor que fortalecerán su capacidad para amar y ser amada a pesar de las batallas con tragedias y crisis reales. El poder en sí misma proviene de una fe espiritual duradera que la guía y renueva su esperanza constantemente. (212) 929-1222.

Stephanie Lauridsen ha sido periodista para *Westcott Communications,* en Carrollton, Texas, desde noviembre de 1992. Es productora, hace reportajes, escribe, proyecta y edita para la *Automotive Satellite Television Network.* Como coordinadora asociada para el programa de la Westcott Communications Internship, con frecuencia da conferencias en las universidades de Texas para reclutar nuevos internos. Como periodista del área automotriz también labora como la primera mujer presidenta de la Asociación de Escritores de *Texas Automotive.* Trabaja activamente en su vida como cristiana, es consejera de grupos de jóvenes y acompaña a estos grupos dos veces al año para continuar la misión juvenil en Acuna, México. (941) 540-9911.

MARY LoVERDE, MS, ANP, es conferencista profesional y fundadora de Life Balance, Inc. Su pasión es investigar para encontrar nuevas formas de equilibrar el éxito profesional con una familia saludable y feliz. Es autora de *Deja de gritarle al microhondas: cómo conectar tu vida desconectada* (New York: Fireside / Simon & Schuster 1998), y ha producido una serie de cintas de audio tituladas *June Cleaver nunca frió tocino en un vestido de Bill Blass*. Para mayor información acerca de su Pomo de Recuerdos personalizado y sus Tarjetas de Recuerdos, comuníquese al (303) 755-5806.

JILL LYNNE, fotógrafa y escritora, es conocida internacionalmente por sus retratos de VIPs, por su documentación sobre culturas populares, estudios de la naturaleza y el medio ambiente, uso de la tecnología de punta y técnicas fotográficas alternativas. Con 21 exhibiciones individuales, sus fotografías están presentes en prestigiosas colecciones y sus fotos y escritos han aparecido en revistas como *Newsweek, Vogue Italia* y el *Miami Herald*. Con base en Nueva York y en Miami, también produce actividades promocionales y de obtención de fondos para organizaciones como las Naciones Unidas, la Conservación de la Naturaleza y la Fundación Estadounidense para la Investigación del SIDA. (212) 741-2409 ó (305) 532-8096.

CHRISTINE D. MAREK es una madre y esposa de 32 años que actualmente trabaja como electricista industrial. Comenzó escribiendo por razones terapéuticas mientras estaba bajo tratamiento para terminar un violento matrimonio y para curarse del abuso sexual a la que fue sujeta cuando niña. Para su sorpresa, a medida que comenzó a mejorar, empezó a conectarse con el don que, desde entonces, ha permanecido siendo suyo. (815) 258-7788.

LYNNE MASSIE es consultora empresarial, conferencista y capacitadora que entusiasma a las personas al entrenarlas para su desarrollo tanto personal como profesional. También ha sobrevivido al cáncer y ha escrito un libro acerca de su intenso e inspirador viaje a través de esta enfermedad, titulado: *El ranúnculo tiene mi sonrisa*. (503) 675-0058.

SUSAN MILES es escritora y fotógrafa. Sus series actuales, "El corazón de la flor", describen la belleza interior de la naturaleza a través de la macrofotografía. Las imágenes que ha tomado están disponibles en posters y en tarjetas de felicitación. (503) 282-6266.

MARY MANIN MORRISSEY tiene una maestría en psicología. Su audiencia a nivel mundial es cada día mayor y tributo a sus conferencias y enseñanzas inspiradoras. Da asesoría y dirige seminarios llegando al alma de miles, cada año, como fundadora y líder espiritual del Centro para Enriquecimiento de los que Viven, que, con frecuencia, se le conoce como modelo de la iglesia del siglo XXI. Es autora de *Cómo construir tu campo de sueños*. (503) 682-5683.

YOLANDA NAVA es locutora de televisión, escritora y consejera. Es la anfitriona en el programa *Life and Times,* y locutora nocturna en la KCET/TV en Los Ángeles. También escribe una columna semanal para la Eastern Group Publications, la mayor cadena de periódicos bilingües en el país. Actualmente está escribiendo su primer libro, *Todo está en los frijoles: un libro sobre las virtudes hispánicas,* que fue publicado por Fireside/Simon & Schuster en 1999. (213) 256-7836.

O. C. O'CONNELL es escritora independiente que, de vez en cuando, batalla con su pelo. Reside con su amor y sus angelicales bebés gemelos en un estado perpetuo de caos, pasión y negociación, que son elementales en un hogar donde habitan cuatro almas independientes que se aman intensamente. En el pasado, ha sido maestra de inglés, de álgebra y geometría, analista de mercados y vicepresidenta de una empresa de comunicaciones. Jamás ha sido estilista. (303) 730-6745.

DEBORAH OLIVE es ministra más antigua del Centro Unitario de Tacoma, en Tacoma, Washington. Con gran habilidad navegó por el mundo corporativo como representante de ventas en el área médica, antes de asistir a la escuela ministerial. Tiene una licenciatura en bioquímica, y haciendo uso de su arte, une los áreas de la espiritualidad, las ciencias y los negocios. Su ministerio se caracteriza por su integridad, humor y compromiso con la transformación espiritual, el apoyo a las personas que desean vencer los obstáculos que se anteponen a los deseos de sus corazones y al logro de sus sueños. (253) 460-9898. ‹Soulnheart@aol.com›

MARY OMWAKE ha sido ministra de más antigüedad de la Iglesia Unitaria de Overland Park, en Kansas, desde 1989. Bajo su liderazgo, la congregación ha crecido de 200 a 2,450 miembros. Es fundadora de la Asociación para el Nuevo Pensamiento Global y está dedicada a apoyar el crecimiento espiritual auténtico y a dar un servicio genuino para despertar al mundo. (913) 649-1750.

CHASSIDY A. F. PERSONS tiene una licenciatura en estudios latinoamericanos y del Caribe. Es maestra preescolar y actualmente hace su maestría en educación especial. (518) 887-5898.

CINDY POTTER es directora ejecutiva de la Junta Mortuoria y de Cementerios del Estado de Oregón, responsable de otorgar licencias y reglamentos para la industria del cuidado de las personas fallecidas. Ella y su esposo Dan residen en Beavertown, Oregón, y comparten sus vidas con tres gatos y tres perros. Durante su vida matrimonial de 24 años, han rescatado, encontrado los hogares o encontrado nuevos hogares a más de 200 animales perdidos. Dazy Joy fue el primero de ellos. (503) 524-3614.

DIANE RIPSTEIN, MEd, es conferencista, capacitadora y directora de la compañía Diane Ripstein Consulting en Newton, Massachusetts. Ayuda a sus clientes a dar presentaciones más contundentes, a hacer lanzamientos de ventas más sucintas, eventos en provincia que impulsen inversiones y entrevistas más verosímiles ante los medios. Con una carrera en ventas con mucho éxito y varios años de presentaciones tras ella, Diane se especializa en alta energía. (617) 630-8630.

ROBIN RYAN es piloto internacional para la United Airlines, esposa y madre. Le encanta dar conferencias que sirvan de inspiración y motivación a la gente de toda edad, para que luchen por alcanzar sus metas y sigan sus sueños, por más difíciles que parezcan. Ha comenzado un libro inspirador usando la experiencia de su vida como base para transmitir el mensaje de que si ella pudo alcanzar sus objetivos, cualquiera puede profundizar en sí mismo, atreverse a soñar y lograr sus mejores deseos. (360) 576-5600.

JOANNA SLAN es conferencista profesional y autora de *He recibido demasiadas bendiciones como para deprimirme* y de *Cómo usar historias y humor: capta la atención de tu auditorio.* Alrededor de todo el mundo, los que la han escuchado han disfrutado con sus perspicaces historias edificadoras sobre temas de trabajo en equipo, cambios, comunicación, conflicto y productividad laboral. Continúa meciendo a Michael en su hogar en San Luis, pero ahora que ya es un chico de ocho años, es mucho más difícil subirlo a su regazo. Para mayor información acerca de sus servicios de conferencias o para ordenar alguno de sus libros, llame a: 1-888-BLESSED (253-7733). ‹JoannaSlan@aol.com›

JODY STEVENSON, directora de Soul Purpose Ministries, enseña la teología de la comprensión que acelera la conciencia espiritual hacia el descubrimiento de tus contribuciones especiales para la humanidad, es decir, el propósito de tu alma. Lo que más le gusta es ayudar a cada persona a despertar sus gustos personales. Autora de *Soul Purpose* (El propósito de tu alma) y *Solutions* (Soluciones), actualmente es asesora privada, da conferencias a toda la nación y seminarios sobre la expresión creativa y los Principios del Propósito del Alma. (503) 977-2235.

LINDA ROSS SWANSON es escritora independiente que frecuentemente publica ensayos y poesía. Actualmente está por terminar su primer libro, *Decapitando a Hortensia*. (503) 292-4755.

KATE MCKERN VERIGIN es ministra autorizada que enfoca su energía en crear rituales y ceremonias para celebrar todos los aspectos de la vida. Ya hace cuatro años que encabeza las ceremonias de la luna para mujeres. Los viernes por la noche, sirve como ministra ante un grupo llamado Corazón y Alma, que patrocina ceremonias eclécticas para mujeres, hombres y niños con el fin de abrir sus corazones y celebrar el alma. Tiene el título de comunicadora y educadora. Gracias a sus experiencias en la vida, obtuvo el premio Emmy como productora de televisión. También es publicista, consejera espiritual y mentora, así como esposa, madrastra y amante de los gatos. Vive en Portland, Oregón. (503) 256-9833.

ANN E. WEEKS, DNS, RN, es conferencista conocida en todo el país y terapeuta familiar que proporciona a sus clientes y a su auditorio estrategias diarias para curar el estrés en ciertos momentos de la vida. Su continuo sentido del humor y sus historias de la vida real hacen que sus presentaciones sean un regalo. Es autora de siete libros y propietaria de Passages Publishing, una pequeña empresa dedicada a imprimir historias que nos ocurren y que heredamos. Según se describe a sí misma, ella es "una académica en recuperación" que anteriormente fue decana y profesora asociada de los Servicios de Educación y Salud de la Escuela de Enfermería Lansing. Es consultora en comunicación organizativa, en la formación de equipos de trabajo y en programas innovadores. Tiene 20 años de experiencia como experta legal en testigos. (502) 458-2461. ‹healingpassages@ka.net›

ALICE STERN WEISER, nativa de Boston, es graduada de la Universidad de Boston. Recibió certificado de la Sociedad Internacional de Grafoanálisis. Experta líder en el análisis de la escritura a mano, del lenguaje corporal y de las inflexiones de la voz, en 1995 fue elegida como Analista Internacional de la Escritura a Mano. Es conferencista que motiva, maestra, participante en programas de televisión, dirigente de talleres, analista de jurados y consultora personal. Sus conferencias no sólo distraen e informan, sino que también promueven la confianza a través de habilidades comunicativas no verbales. (713) 270-1645.

JEAN WENZEL ha vivido en Sierra Leona, Islandia, Alemania, las Islas Faeroe y Pakistán antes de instalarse en lo que ella considera es el lugar más bello de la Tierra, Oregón. Escribe artículos para revistas, periódicos, y la red. También enseña escritura y es anfitriona y apoya una estación de radio de la comunidad. Gusta de caminar por el bosque en cualquier época del año, leer mucho y tejer, en lo cual es una experta.

RECONOCIMIENTOS

A los colaboradores de este libro les doy mi más profunda grati-
tud. Su entusiasmo único y contagioso, así como su voluntad de
compartir sus historias "del corazón" favoritas, crearon la magia
y la atracción universal de este libro, *Chocolate para el corazón de la
mujer*.

Mil gracias y mis más afectuosos saludos para mi agente, Peter
Miller, quien abre puertas y logra que las cosas se lleven a cabo.
También a mi editora, Becky Cabaza, por su experiencia, amis-
tad y fe en mí.

Un agradecimiento especial para: Ellen Hiltebrand, quien
tiene el don de la escritura y quien es mi amiga, por volver a trabajar en varias historias. A conferencistas motivadoras como
Mary LoVerde, Candis Fancher, Donna Hartley, Emory Austin,
Irene Levitt. A April Kemp, Maggie Bedrosian y Joanna Slan por
su amor especial a la serie *Chocolate* y por comprender el valor
que tiene para los lectores. Mi amor y aprecio están dirigidos a
mi extraordinaria publicista Joanne McCall y a Kathie Millett,
Linda Kemp, Jody Stevenson, Susan Miles, Linda Swanson,
Michelle Hayhurst, Ursula Bacon, Mary Jo Evans y Jacqui Elliott
por su apoyo, retroalimentación y amistad.

Como siempre, mi aprecio de todo corazón a mi esposo, uno
en un millón, Eric, cuya integridad y compromiso en su vida
profesional y personal está más allá de cualquier reproche. Él
hace que nuestro viaje juntos sea una aventura y un juego.

Gracias a mi familia por su comprensión y paciencia durante
el "proceso creativo", y a mi papá, a quien dedico este libro.

El bono dulce y delicioso que viene extra al recopilar estas historias, ha sido las nuevas amistades de 74 mujeres de todo el país. Estoy agradecida por su generosidad y tengo el honor de presentar sus relatos en *Chocolate para el corazón de la mujer.*

RECONOCIMIENTOS
DE PERMISOS

"El ministro y yo" es un extracto de *Sólo los ángeles saben volar, el resto de nosotros tenemos que practicar*, con permiso de Thomas Nelson Publishers, Nashville, Tennessee, 1995 por Liz Curtis Higgs.

"Los Estados Unidos de la Maternidad" es un extracto de *He recibido demasiadas bendiciones como para deprimirme: Historias que te llevan del estrés a la bendición*, con permiso de Joanna Slan, 1997, por Joanna Slan.

"Curando con amor" es un extracto editado de *Cómo construir tu campo de sueños*, con permiso de Bantam Books, una división de Bantam, Doubleday Dell Publishing Group, Inc., New York, New York, 1996, por Mary Manin Morrissey.

ACERCA DE LA AUTORA

Kay Allenbaugh es autora de *Chocolate para el alma de la mujer* y *Chocolate para el corazón de la mujer*. Reside con su esposo, Eric, en Lake Oswego, Oregón.